J'entends mon cœur qui bat,
c'est maman qui m'appelle.

Jules Laforgue

Ce livre est dédié à ....

Photo de ma mère et moi

Chère maman,

....

....

....

....

....

....

....

....

....

....

....

....

....

....

....

....

....

....

....

....

....

....

....

....

....

....

....

Ma mère et moi

ÉLOGE DE L'AMOUR MATERNEL

Données de catalogage avant publication (Canada)

Vedette principale au titre :

Ma mère et moi : éloge de l'amour maternel
ISBN 2-89077-215-2

Amour maternel. 2. Mères. 3. Amour maternel – Ouvrages illustrés. I.
Poissant, Louise.

HQ759.M32 2001   306.874'3   C2001-940161-2

Photo de la page couverture : Petrisse Briel/The Image Bank
Photo des auteurs : Robert Laliberté
Les images qui illustrent ce livre proviennent des archives personnelles des auteurs.
Les frises en pages 98, 136,137 et 156 ont été réalisées par Clara Poissant-Lespérance et Alizé Hatchuel.
Les photos en pages 82,137 et 155 sont de Florence Poissant.

Conception graphique et mise en page : Olivier Lasser
Traitement des images : Myriam Yates

© 2001, Flammarion Québec

Tous droits réservés
ISBN 2-89077-215-2
Dépôt légal : 1er trimestre 2001

Imprimé au Canada

Louise Poissant ✒ Marc Fisher
Hélène Poissant ✒ Isabelle Poissant

Ma mère et moi

ÉLOGE DE L'AMOUR MATERNEL

Flammarion

Québec

Le pouce vert de maman

Toute petite, j'étais un bébé si « facile » que maman pouvait me laisser rêvasser pendant de longues heures dans mon landau. Peu à peu rassurée par ma nature conciliante, elle avait pris l'habitude de s'occuper du jardin tout en me plaçant pas trop loin d'elle. C'est ainsi, au milieu des effluves de bégonias et de géraniums, que je passai mes premières années de vie et qu'un jour, je devins un beau brin de fille.

HÉLÈNE POISSANT

HÉLÈNE POISSANT

Avant-propos

De même qu'il y avait dans la Rome antique une statue au dieu inconnu, il devrait y avoir dans nos villes une statue élevée en l'honneur de ces héroïnes inconnues que sont les mères, d'autant plus méritoires qu'elles sont rarement reconnues, ou alors trop tard, lorsqu'elles sont parties…

Cet éloge de l'amour maternel que vous allez lire est un peu la statue que, bien modestement, nous érigeons en l'honneur de notre mère, Florence, et de toutes les mères du monde.

Le cœur des jeunes filles est un papillon

Plutôt maigrichonne et du genre garçon manqué, je n'avais pas été ce que l'on pourrait appeler une enfant précoce. Malgré mes disgrâces, et avec un peu de retard, je finis tout de même par devenir une jeune fille, ce qui fit la joie et la fierté de ma mère. Ma métamorphose accomplie, il me prit à mon tour l'envie de parcourir de nouveaux mondes, comme cela avait été le cas pour tous les autres enfants de la maisonnée. Maman, tu étais très attachée à nous et sans doute as-tu versé quelques larmes lors de notre départ. Mais le cœur des jeunes filles est un papillon à la fois frêle et volatile...

HÉLÈNE POISSANT

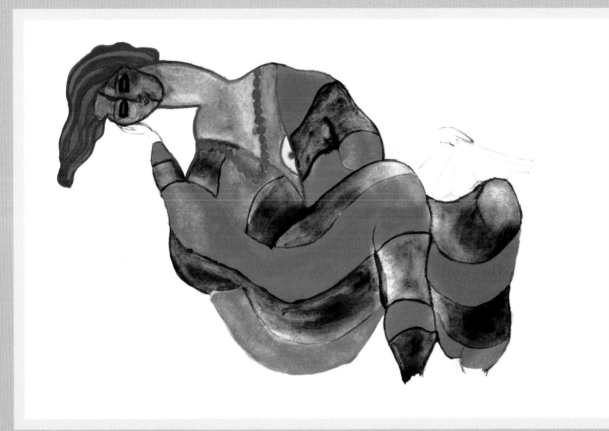

HÉLÈNE POISSANT

Pourquoi maman aime-t-elle
tant les éléphants?

Parce qu'elle admire leur force tranquille?

Petite mère

MARC FISHER

À petite mère,
à la mère de Lippou,
et à toutes les mamans du monde

Un matin, alors que j'emmenais ma fille de deux ans et demi au restaurant, elle aperçut, seul dans une voiture, un chien qui jappait, et spontanément elle s'écria :

– Oh ! regarde, papa, le beau chien, il appelle sa maman...

J'ai pensé que c'est peut-être ce qu'on fait toute notre vie, et que je fais dans ce petit roman...

’était jour de fête à la maison familiale. Doublement, à la vérité, car petite mère (c'est le nom dont j'affublais maman depuis des années) avait eu cinquante ans l'avant-veille, et ma plus jeune sœur, Albertine, célébrait, comme on dit, son entrée dans la vie : elle avait emménagé la veille dans son premier appartement.

Maman eût souhaité qu'elle repousse son départ : elle avait à peine vingt ans, et puis elle était la dernière à partir.

Toutes les mères du monde ont une loupe à chagrin dans leur poche, et lorsque part leur dernier – ou leur seul – enfant, elles la sortent, c'est plus fort qu'elles.

Et avec elle tout de suite elles regardent le vide que cet enfant laisse dans leur vie, et elles voient bien qu'il est immense, et ne saura que grandir avec le temps.

Elles n'en parlent pas bien entendu, et même elles sourient, comme on fait par politesse dans un cocktail où on s'ennuie à mourir.

Mais en fait elles n'ont plus envie de rien.

Et ce n'est pas le bridge, le jardinage ou la cuisine japonaise, comme non plus toutes les autres commodités de l'ennui – même un mari ! – qui leur fera oublier ce temps béni où leur enfant était encore auprès d'elles.

Mes deux autres sœurs et moi étions pourtant partis il y a quelques années déjà, mais ce n'est pas pareil : rien ne prépare une mère au départ du dernier enfant.

Parce qu'après, la maison tout à coup devient beaucoup trop grande, et comme les mères ont horreur du vide et de ses terribles conséquences…

Des imbéciles vous ont répété, ou vous avez lu dans un guide de psychologie écrit par un animateur à la radio que, pour vous et votre mari, c'est une nouvelle vie qui commence, c'est un événement formidable.

Vous aurez enfin le temps de vous occuper de vous, de votre carrière, de votre couple, si du moins il n'a pas atteint le stade avancé de décrépitude du Colisée de Rome : après tout, vous n'êtes pas archéologue !

Mais petite mère, son rêve, je n'avais pas besoin d'avoir lu *L'Interprétation des rêves* de Freud pour le comprendre : c'était nous, ses enfants.

Une carrière, ça ne l'avait jamais intéressée, à moins que l'on considère que c'en est une de bien élever ses enfants.

D'ailleurs lorsque ma mère avait annoncé, au bureau de comptables où elle travaillait au début des années cinquante, qu'elle se marierait sous peu, on avait fait comme on faisait invariablement à l'époque : après l'avoir chaudement félicitée, on avait aussitôt organisé une collecte auprès des autres employés pour lui acheter un cadeau de noces qui serait aussi un cadeau de départ.

Car jamais il ne serait venu à l'idée de son patron, sinon pour la vexer, de lui demander si elle entendait conserver son emploi : ç'aurait été sous-entendre qu'elle unissait sa destinée à un vaurien incapable de la faire vivre.

Oui, petite mère, sans se poser la moindre question, parce que c'était la plus naturelle des choses, avait fait comme la plupart des femmes de son temps et avait tout laissé pour nous : et nous étions devenus sa seule véritable ambition, sa seule passion…Alors après notre départ, la supposée vie nouvelle qui commençait pour elle, ça la faisait rêver autant qu'un billet de loterie après le tirage, quand vous n'avez pas gagné.

Diplomate, petite mère avait dit, pour ne pas qu'Albertine se sente coupable – propension déjà bien assez vive chez elle – que tout le monde doit finir par partir un jour, qu'il faut bien faire sa vie.

Elle l'avait même répété à mon père qui lui aussi voyait d'un œil inquiet un départ si hâtif. Mais le sourire faussement détaché qu'elle affichait en tenant pareils propos n'avait dupé personne. Pas plus que l'assurance qu'elle nous avait tous donnée, lorsque nous étions arrivés pour le brunch dominical, que la rougeur suspecte de ses beaux yeux bleu pâle était attribuable à de fâcheuses allergies printanières.

Comme si on pouvait avoir des allergies au mois d'avril alors que les neiges tardives venaient à peine de fondre !

Et puis, on n'avait jamais connu à ma mère d'allergie, sinon celle à la solitude.

Petite mère, c'était évident, avait pleuré toute la nuit. Comme lorsque Raymonde, l'aînée de la famille, était partie, à vingt ans elle aussi, pour prendre mari.

Oui, même si personne ne releva le fait – parce que même dans les meilleures familles du monde, on n'aborde pas volontiers la tristesse d'une mère – il tombait sous le sens que maman avait passé une nuit blanche.

Une autre nuit blanche, devrais-je dire.

Car elle n'en était pas à sa première, bien entendu, et pas seulement à cause des maladies inévitables des enfants : les mères trouvent partout des occasions de nuits blanches.

Je dois dire que petite mère avait de bonnes raisons de s'inquiéter.

Albertine, qui ne faisait jamais les choses à moitié, ne partait pas seulement pour faire sa vie mais parce qu'une vie nouvelle remuait en elle : elle était enceinte !

Oui, enceinte, à vingt ans à peine, et de sept mois déjà : comme tout allait vite !

Non seulement l'exubérante Albertine serait-elle mère dans deux mois tout au plus mais, par la même occasion, bien entendu, petite mère serait grand-mère.

À cinquante ans.

Et puis, autre souci maternel légitime : avec Éric, le père de l'enfant à venir, la situation n'était pas exactement idéale. À preuve, il brillait par son absence.

Il avait toujours une bonne excuse, bien sûr.

Étudiant en anthropologie, il avait un travail à compléter, un examen à préparer. Il n'avait pas pris la fuite mais il avait en revanche insisté pour conserver son appartement comme pour bien faire comprendre à Albertine que même la naissance de sa propre fille ne suffirait pas à lui mettre la corde au cou. Il entendait conserver sa liberté, d'autant qu'il n'avait pas sauté de joie lorsqu'il avait appris la grossesse d'Albertine : être père à vingt ans, lorsqu'en plus on est seulement étudiant…

Mon père, évidemment, ne voyait pas d'un bon œil cette situation. À son époque, non seulement les vrais hommes prenaient-ils leurs responsabilités mais ils faisaient aussi les choses dans l'ordre : ils épousaient

leur femme avant de lui faire un enfant. Ma mère, elle, ne disait rien, pour ne pas trop affoler Albertine.

Du reste, forte de ses vingt ans et foncièrement optimiste de nature, comme mon père, ma sœurette ne semblait pas trop s'en faire : les choses ne finissent-elles pas toujours par s'arranger ? Et puis même si la situation n'était pas parfaite, Albertine était enchantée d'avoir cet enfant dans son ventre, ce ventre dont elle ne pouvait plus cacher le secret comme elle avait pu le faire de manière un peu surprenante jusqu'au début du sixième mois.

Et si elle n'avait pas avoué son bonheur, le sourire de contentement qui fleurissait invariablement ses lèvres lorsqu'elle mettait les deux mains sur son ventre bien rond l'aurait trahie, tout comme la petite larme qui ne manquait pas de mouiller ses brillants yeux noisette lorsque, d'un petit coup de pied impatient, sa future fille lui rappelait sa présence.

Alors l'absence du père, il ne fallait pas en faire un plat, surtout pas à un brillant repas dominical, même si

la première chose qu'avait demandée ma mère à ma sœur à son arrivée était : «Éric n'est pas venu?»

Ma sœur avait bafouillé une explication que ma mère n'avait pas écoutée parce que la chose à laquelle elle avait tout de suite pensé en apprenant l'absence du père, c'était terrible, horrible, épouvantable : Albertine, enceinte de sept mois, avait dû conduire elle-même sa voiture !

Qu'arriverait-il à l'enfant si elle avait un accident ou même si, simplement, elle devait freiner un peu brusquement et que son ventre vienne s'écraser contre le volant de sa voiture ?

Sa voiture...

Une BMW préhistorique qui, si elle était un éloge au génie bavarois, était surtout pour ma mère une autre occasion de souci tant elle lui paraissait d'une mécanique incertaine : Albertine avait-elle au moins fait récemment vérifier ses freins ? Les hommes se targuent volontiers de raisonner mieux que les femmes, trop sentimentales, mais mon père, malgré sa logique implacable de juriste, n'avait pas fait ce raisonnement que toute mère fait automatiquement : l'absence d'Éric n'était pas seulement une vexation pour la mère, elle était aussi, elle était surtout un danger réel pour la vie de son enfant. Un accident est si vite arrivé ! Mieux valait penser à autre chose d'ailleurs, parce qu'à force de penser à un malheur, on finit par l'attirer.

Et puis, c'était une fête, et une belle fête, alors les angoisses existentielles n'avaient pas leur place, non ?

Cinquante ans...

Petite mère avait eu cinquante ans…

On a beau croire que les chiffres ne veulent rien dire, qu'ils n'ébranlent que les faibles, que lorsque vous passez de quarante-neuf ans à cinquante, vous ne vieillissez que d'une journée. N'empêche, dans la vraie vie, ces vingt-quatre petites heures bien innocentes ont un pouvoir énorme : elles vous empêchent désormais de dire que vous êtes dans la quarantaine !

Maman, il est vrai, n'avait jamais fait son âge, et c'était peut-être pour cette raison que je l'avais baptisée petite mère.

À vingt-deux ans, lorsqu'elle s'était mariée, elle en paraissait à peine seize et, devenue quinquagénaire, elle passait facilement pour une femme de quarante ans, quarante-cinq tout au plus, les mauvais jours. À preuve, des hommes beaucoup plus jeunes qu'elle lui faisaient régulièrement la cour, plus dupes de son apparente jeunesse qu'attirés par le charme discret de la maturité.

D'où lui venait cette durable jeunesse qui survivait aux rides qu'elle avait commencé à avoir ? Je me le suis souvent demandé, sans jamais en percer tout à fait le mystère.

Peut-être provenait-elle de cette lumière intérieure – qui me rappelait parfois un peu celle de la célèbre Joconde. Une lumière qui éclairait presque toujours son visage, ses yeux, son sourire, sauf aux jours vraiment sombres, mais là, par cette délicate pudeur qui la caractérisait, elle préférait, comme ces éléphants qui vont mourir dans une discrète solitude, ne pas se montrer à nous pour ne pas que nous nous en fassions à cause d'elle.

Malgré ses quatre grossesses, maman avait su conserver une enviable sveltesse à force de diètes parfois draconiennes, il est vrai, et malgré son absence de goût pour toute forme de sport si ce n'est la marche, que gênait une arthrite précoce. Sveltesse pas comparable bien entendu à celle de sa jeunesse, car elle était mince comme une liane lorsqu'elle s'était fiancée mais enviable tout de même, pour une femme de son âge, qui,

oui, était-ce croyable ? serait grand-mère dans deux mois.

Lorsque c'est votre anniversaire, en général, vous ne levez pas le petit doigt, vous ne vous occupez de rien, sinon de festoyer et de vous laisser couvrir d'attentions.

Sauf si vous êtes une mère.

Parce que alors vous préparez quand même tout.

C'est en tout cas ce que petite mère avait fait. Jamais du reste elle ne se serait plainte de cette corvée qui n'en était pas une pour elle, car à ses yeux nous recevoir était toujours une fête, même lorsqu'il n'y avait rien à souligner.

À la vérité, elle avait voulu se surpasser en ce dimanche frisquet du début d'avril, mais le soufflé sur lequel elle s'était échinée avec amour n'avait pas levé. Personne ne lui en avait tenu rigueur, bien entendu : c'était sa première tentative, et puis le soufflé, capricieux de nature, s'était avéré délicieux même s'il ne payait pas de mine.

Le saumon, lui, que ma mère aimait tant apprêter, une belle prise que son poissonnier avait gardée pour elle, était parfait comme d'habitude. Et la salade, rehaussée par l'incontournable vinaigrette maternelle, avait été un franc succès. Maman pourtant semblait s'affliger de l'effondrement intempestif de son soufflé : elle voulait en faire le clou de son repas, alors, pour le spectacle, il faudrait repasser.

Quant au reste du déjeuner, comment aurait-elle pu s'en enorgueillir ? Qui ne peut réussir un saumon, une vinaigrette ? Même un vulgaire débutant peut s'en tirer honorablement, puisque c'est l'abc de la cuisine, alors…

Oui, malgré les félicitations de tous les convives, ma mère s'était assombrie. Mais c'était peut-être tout simplement parce que le repas s'achevait déjà, et comme en général à la maison personne ne s'attardait bien longtemps une fois qu'on avait fini de manger…

C'est d'une politesse douteuse, bien entendu, mais les enfants ont une idée bien personnelle des bonnes manières, et puis chacun a sa vie, c'est connu, et des occupations qui passent avant tout, en tout cas avant la nostalgie d'une mère.

Ma sœur Cécile, née deux ans avant Albertine, était toujours plus occupée que les autres, et par conséquent toujours plus pressée. Elle se leva la première et décréta, d'une voix péremptoire :

— Vous allez m'excuser, je ne peux pas rester.

— Mais voyons, protesta Raymonde, nous n'avons pas encore servi le dessert.

De l'extrémité de la table de chêne joliment nappée de dentelle d'où il présidait calmement tous les repas, mon père la regarda sans rien dire mais n'en pensa pas moins. Ma mère l'avait tant de fois seriné à ce chapitre : il ne fallait pas se plaindre mais au contraire se féliciter que les enfants soient toujours occupés. C'était signe de leur succès et surtout de la réussite de leur éducation : il n'y a que les paresseux – ou les idiots – qui ne sont pas débordés !

Mon père prit philosophiquement une grande respiration qu'il fit suivre d'une ample gorgée de vin. N'empêche, pour un événement aussi peu banal, Cécile aurait pu faire une entorse à la discipline spartiate qu'elle s'imposait pour compléter le plus vite possible son mémoire de maîtrise.

Car même si elle ne l'avait pas spécifié, c'était sans doute pour cette raison qu'elle nous faussait compagnie. À moins que ce ne fût pour aller retrouver ce nouvel ami qu'elle avait préféré ne pas emmener parce que leur idylle était jeune et que les présentations officielles aux parents après une semaine seulement risquaient de refroidir n'importe quel homme, même le mieux intentionné, même le plus épris.

– Mais oui, dit maman, tu vas au moins prendre un morceau de gâteau.

C'était une forêt-noire qu'elle avait faite elle-même. Les pâtisseries, on se les procurait au *Péché Mignon,* petit établissement tenu par une

sympathique Française aux formes généreuses. Mais les gâteaux, il était exclu que maman les achetât. Premièrement, c'était beaucoup trop cher, et puis, ç'aurait été en quelque sorte abdiquer son trône de reine du foyer qui, pour la plupart des femmes de l'époque, était inséparable de celui de cuisinière.

– Je ne peux vraiment pas rester, dit Cécile, d'un ton tranchant. Vraiment désolée. Je rencontre mon directeur de mémoire de maîtrise demain à dix heures, et j'ai un livre de trois cents pages à lire et à résumer. Inutile de vous dire la journée ni surtout la nuit que je vais me taper.

– Moi, dit ma mère par dérision, j'ai un doctorat en torchage.

Cet amusant néologisme de sa composition voulait dire qu'elle avait toujours soigné, blanchi, nourri tout le monde même si cette occupation peu glorieuse n'était pas reconnue ! Personne ne vit d'amertume dans cette plaisanterie et tout le monde en rit, même si ce n'était pas la première fois que ma mère nous la servait.

Personne n'avait douté de la sincérité de l'explication de Cécile. Pourtant, ma sœur Albertine crut bon de protester :

– On n'a même pas encore donné les cadeaux.

Et il est vrai que, à chaque fête, la cérémonie des cadeaux était toujours repoussée à la toute fin du repas, après le dessert.

— De toute manière, j'ai oublié le mien, objecta Cécile.

Elle devait apporter une bouteille de parfum à ma mère, qui le savait et avait eu la délicate – et inutile – attention de ne pas se parfumer, pour pouvoir tout de suite essayer la fragrance promise, une nouveauté dont j'oublie le nom, à base de pétales de rose, supposément le dernier cri pour les femmes mûres.

Petite mère s'efforçait de sourire malgré sa déception de voir partir si tôt la studieuse Cécile. C'était, potentiellement, le signal de départ de toute la maisonnée : lorsqu'un invité part, tous les autres se sentent à l'aise de l'imiter !

Maman se leva, et son visage prit alors une expression curieuse que je ne lui avais pas souvent vue, comme si elle avait eu vraiment mal tout à coup, et que sa souffrance n'ait pas été strictement morale car alors elle aurait pu nous donner le change, comme elle le faisait volontiers, sans doute plus souvent qu'on ne le pensait puisqu'elle jouait habilement de son admirable talent de mère qui ne veut pas embêter ses enfants.

En même temps que ses lèvres se déformaient en une imperceptible et étrange grimace, elle porta la main gauche à son côté, qu'elle massa subrepticement comme si elle éprouvait un élancement à la poitrine, pire encore au cœur. Je fus, je crois, le seul à remarquer ce petit geste qui ne m'avait pas échappé malgré sa discrétion comme si, mystérieusement, je l'avais pressenti.

— Est-ce que tu te sens bien, petite mère ? m'empressai-je de demander.

Je l'appelais toujours ainsi, et je savais que si je m'étais écarté une seule fois de cette tendresse langagière, elle en aurait été autant chagrinée que surprise.

— Non, non, ce n'est rien, juste un point, protesta-t-elle, en s'efforçant de sourire et en retirant tout de suite la main qui l'avait trahie. Mais je n'étais pas dupe. J'ai dû prendre un peu trop de vin, expliqua-t-elle.

Elle ne buvait pas beaucoup, et ce jour-là je m'étais étonné de la voir expédier deux verres de rouge, sans compter qu'elle n'avait pas dédaigné le champagne joyeusement sabré au début du repas. Peut-être voulait-elle oublier.

Ses cinquante ans nouveaux, le départ « prématuré » et inquiétant d'Albertine, enceinte et sans mari : ce que dans son temps on appelait honteusement une fille-mère !

Il n'aurait passé par la tête de personne d'appeler ainsi la romantique Albertine. Les temps avaient changé et les filles, même les mieux nées, ne s'embarrassaient plus nécessairement d'un mari.

N'empêche, ma mère, qui savait ce que c'est que d'avoir des enfants, même avec un mari dévoué à ses côtés, pouvait s'imaginer sans peine ce que ce serait de les avoir toute seule avec pour tout soutien – d'ailleurs épisodique et « à distance » – un étudiant en anthropologie sans travail.

Je crus que ma mère faisait une autre de ces fréquentes crises d'arythmie qui, dans le passé, nous avaient donné de si vives inquiétudes et auxquelles aucun spécialiste n'avait trouvé de remède.

– Tu es sûre que tu vas bien, petite mère ? voulus-je vérifier.

– Mais oui, ce n'est rien, me rassura-t-elle d'une voix pas tout à fait convaincante. J'ai dû me lever un peu trop vite…

Elle souriait, mais il y avait je ne sais quoi de forcé dans son sourire. J'allais la questionner à nouveau, car j'étais tout sauf rassuré, et je sentais – par ces antennes qui nous relient mystérieusement aux êtres que nous aimons le plus – que son point au cœur ne s'était pas envolé. Je m'y connaissais un peu à ce chapitre car depuis l'âge de quinze ans je souffrais d'un souffle au cœur et je savais que ces douloureuses palpitations durent parfois des heures. Mais ma mère bénéficia d'une diversion inattendue.

Voulant faire main basse sur le verre de vin que, dans sa hâte, ma sœur Cécile avait abandonné à moitié vide, Raymonde le renversa sur la belle nappe blanche.

– Raymonde ! Fais attention ! laissa tomber son mari, Jean.

Mais il était trop tard bien entendu : la belle nappe de dentelle était tachée. Jean s'empressa tout de même de rétablir sur son pied le verre que sa femme venait de renverser.

– Vite, du sel ! dit maman.

Elle voulait sauver la précieuse nappe de dentelle héritée de sa mère, morte quelques années plus tôt.

Pour réparer sa gaffe, Raymonde s'empara de la salière et entreprit de saupoudrer la nappe. Comme le sel s'en échappait trop parcimonieusement, son mari la lui arracha des mains, la décapuchonna et en répandit le contenu sur la tache qui rosit aussitôt, ce qui ne rassura pas tout à fait ma mère qui passa à la cuisine prendre d'autre sel et une éponge.

Cécile profita de ce petit incident pour répéter à ma mère qu'elle devait partir. Trop affairée à réparer le dégât, maman ne put la retenir. Elle se contenta de plisser les lèvres en la regardant s'éloigner, espérant qu'elle serait plus prudente que sa jeune sœur avec les hommes et surtout avec ce mystérieux inconnu au sujet duquel elle se montrait fort peu loquace : pourvu qu'il ne fût pas marié comme le précédent, avec lequel elle avait perdu deux ans de sa vie ! Ah ! les soucis d'une mère ! Ils ne sont jamais finis, et sitôt même qu'on les croit envolés, ils réapparaissent comme les serpents sur la tête de l'hydre mythologique. Et plus l'enfant grandit, plus les problèmes grandissent avec lui.

Ma compagne, Véronique, qui n'en était qu'à sa troisième visite dans ma famille et que ma sœur Raymonde intimidait parce qu'elle était avocate de profession, m'adressa un sourire en coin. Elle trouvait tout à coup ma sœur plus sympathique, en tout cas moins impressionnante puisque, comme tout le monde, elle pouvait faire des gaffes. Je me contentai d'un haussement de sourcils : j'avais répété dix fois à Véronique que ma sœur aînée était la fille la plus simple, la moins prétentieuse du monde, et elle ne m'avait pas cru.

Ma mère revenait de la cuisine avec sa grosse boîte de sel et une éponge lorsque le téléphone sonna. Décidément, tout arrivait en même temps ! Même si elle avait les mains pleines, ce fut ma mère qui répondit. C'était pour mon père qui prit l'appareil et, n'ayant laissé tomber que quelques monosyllabes, raccrocha pour revenir aussitôt vers la table.

– C'est Pierre, expliqua-t-il. Il aimerait que je sois à son bureau à deux heures trente. Une affaire urgente.

Mon père affichait une mine à peine contrariée car s'il adorait les réunions familiales et nous reprochait de ne pas venir le voir assez souvent, il se frottait les mains d'être ainsi convoqué d'urgence un dimanche après-

midi par Pierre Chopin, un des hommes d'affaires les plus brillants de sa génération : c'était la preuve qu'il lui était indispensable !

– Je comprends, se contenta de laisser tomber ma mère.

Maman avait l'habitude de ce genre de situation. Pourtant, elle vérifia l'heure à l'horloge posée sur le manteau de chêne de notre belle cheminée de pierre : il était déjà une heure trente, ce qui voulait dire que dans une vingtaine de minutes tout au plus, mon père devrait partir, parce qu'il fallait compter une grosse demi-heure pour arriver au bureau de Pierre Chopin.

Je ne m'affligeai pas trop

de l'obligation imprévue de mon père même si ça voulait dire qu'il abandonnerait ma mère tout juste à la fin de son repas d'anniversaire, et probablement pour le reste de la journée, car ces réunions urgentes, si on savait quand elles commençaient, on ne savait jamais quand elles se terminaient.

Non, je ne m'en formalisais pas trop, même si maman devait commencer à penser qu'elle passerait seule le reste de la journée. Parce que la sonnerie du téléphone venait de me rappeler – comment avais-je pu oublier ! – qu'il me fallait donner un coup de fil de la plus haute importance : je devais en effet joindre sans faute mademoiselle Vauqueer, une correctrice qui me remettrait le jour même les épreuves de mon premier roman !

Je me précipitai vers le téléphone, qui était sur un des comptoirs de la cuisine, et composai le numéro de la correctrice. Au bout de quatre coups de sonnerie, j'allais raccrocher lorsque j'entendis enfin sa voix contrariée. Mademoiselle Vauqueer m'expliqua que je devais passer chez elle avant trois heures, parce que ensuite, elle devait quitter. J'avisai un bloc-notes et un crayon dont je m'emparai pour inscrire l'adresse de mademoiselle Vauqueer, qui habitait à l'autre bout de la ville. Je la remerciai et je raccrochai lorsque j'entendis la voix de ma tendre amie Véronique qui m'appelait :

– Marc, viens, le dessert est servi.

Quelques minutes plus tard, le dessert était expédié, les convives achevaient leur café et les cadeaux avaient tous été offerts et déballés.

Raymonde expliqua alors qu'elle devait partir car elle n'avait pas terminé la préparation de son procès du lendemain.

Mon père ne tarda pas à l'imiter.

Je ne me sentis pas le courage de partir tout de suite surtout que ma sœur Albertine s'était levée à son tour, un peu malaisément, en raison de son ventre déjà rond :

– Bon, je pense que je vais y aller moi aussi.

– Tout de suite ? s'enquit ma mère, qui bondit littéralement de sa chaise. Tu es certaine que tu ne veux pas une autre tasse de café ?

– Non, le café pour moi ce n'est pas idéal, refusa gentiment Albertine.

– C'est vrai, admit ma mère. Je ne sais pas où j'avais la tête, la caféine pour une femme enceinte.

– Je suis un peu fatiguée, je vais aller me coucher, dit Albertine.

– Ce n'est pas prudent de conduire lorsqu'on est fatigué, et puis… enceinte de sept mois… Pourquoi tu ne demanderais pas à…

Elle s'était tournée vers moi, mais tout de suite se ravisa :

— C'est vrai que tu as ton auto, mais est-ce que Véronique...

À nouveau une pudeur l'arrêtait et de toute manière, avec un plissement désolé de ses belles lèvres charnues que j'adorais, Véronique s'empressait d'expliquer :

— Je n'ai pas de permis de conduire.

Elle dégageait tant de maturité lorsqu'elle parlait qu'on oubliait souvent qu'elle n'avait que dix-sept ans.

— Pourquoi tu ne coucherais pas ici, ce soir ? suggéra ma mère à Albertine.

— Non, c'est gentil, mais j'ai encore des dizaines de boîtes à défaire et j'ai hâte d'être vraiment installée.

Et, se tapotant rêveusement le ventre du bout des doigts, elle ajouta :

— Surtout que ça va aller vite maintenant...

Oui, maman ne pouvait pas le nier : tout irait vite maintenant... D'ailleurs elle avait l'impression que toute sa vie s'était passée trop vite, comme dans un rêve, sauf que maintenant elle se réveillait, et ça ressemblait davantage à un cauchemar, celui de l'absence. Elle avait fait quatre enfants pourtant, oui, quatre. Il faut dire que la pilule, dans les années cinquante, ce n'était pas la grande mode, et de toute manière elle ne l'aurait peut-être pas prise, pas si jeune. On lui avait mille fois répété qu'il ne fallait pas «empêcher la famille». Et puis quatre enfants, ça lui avait semblé une police d'assurance contre le temps et les mauvais hasards de l'existence.

Les mauvais hasards, qui t'arrivent même si tu fais ta prière tous les soirs. Oui, les mauvais hasards, comme cette chose terrible, cette chose épouvantable survenue il y a plus de vingt ans : sa voisine Louise Lebel qui avait perdu sa petite fille d'un an, noyée dans la piscine familiale. Folle de chagrin, elle avait pleuré sans discontinuer pendant des mois, pleuré et aussi crié : sa douleur, sa révolte, sa culpabilité, dès qu'elle se retrouvait seule à la maison. Et même si maman s'efforçait de la soutenir de son mieux, il y avait quand même des moments où elle devait laisser l'infortunée madame Lebel à elle-même, parce qu'il y avait nous, qu'elle devait surveiller, pour ne pas qu'il nous arrive la même chose.

C'est si fragile la vie, tu es distraite une minute, tu prends dix secondes pour répondre au téléphone, et lorsque tu te retournes, tout ce que tu vois dans la piscine, c'est une bizarre petite serviette rose. Du moins c'est ce que tu crois, car lorsque tu t'approches, tu t'aperçois que cette petite serviette rose a aussi, curieusement, une tête et des bras qui ne remuent pas, qui ne remueront jamais plus : c'est la robe de ta poupée d'amour, de ton petit ange rose qui est reparti pour l'autre monde avec ton cœur, ton bonheur.

Maman, avec ses quatre enfants, avait eu de la chance et le destin l'avait épargnée : pas de maladies infantiles graves, juste des varicelles, des rougeoles, des jaunisses. Le lot habituel, en somme, et heureusement pas la leucémie, qui avait emporté un des voisins à quatorze ans, ni la redoutable poliomyélite qui, à une époque, avait terrorisé tant de mères du quartier : tu pouvais supposément l'attraper juste en suivant les balayeuses de rues, qui soulevaient derrière elles une poussière remplie du microbe fatal !

Oui, maman avait eu de la chance. Et sa petite dernière comme ses trois premiers enfants, ce n'était pas la mort qui était venue la chercher, mais la vie : c'était tout de même une consolation.

N'empêche, comment aurait-elle pu imaginer qu'Albertine, qui jusqu'à récemment n'avait même pas eu de petit ami sérieux mais seulement des flirts sans conséquence, partirait si tôt, tomberait enceinte si jeune…

Dans son temps, les filles qui devenaient enceintes avant d'être mariées allaient pour la plupart se réfugier, pour sauver l'honneur de leur famille, à la Villa Saint-Michel, sur le boulevard du même nom, dès que, au quatrième ou au cinquième mois, elles ne pouvaient plus camoufler leur faute.

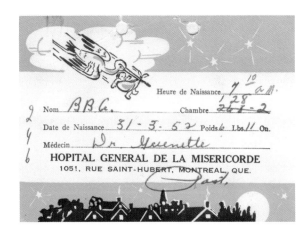

Et lorsque le temps était venu, elles allaient honteusement accoucher à l'hôpital de la Miséricorde, sur la rue Saint-Hubert. C'est là que ma mère avait accouché quatre fois, dans la digne section des femmes mariées. Véritables lépreuses de l'amour, les filles-mères devaient accoucher dans une section qui leur était réservée !

L'année de la naissance de Raymonde, ma tante Madeleine, une sœur de la Miséricorde infirmière, apprit à ma mère qu'elle avait vu passer huit cents filles-mères, cette année-là, dans la section où elles étaient confinées comme des brebis galeuses!

Après l'accouchement, la «délivrance» comme on disait, ces filles-mères, à qui on refusait cruellement de montrer leur bébé pour ne pas qu'elles s'y attachent, et dont parfois on allait jusqu'à bander les yeux pendant l'accouchement, repartaient vers leur famille dont l'honneur était sauf.

Pour la plupart, elles abandonnaient (souvent contre leur gré) leur rejeton à la crèche même de l'hôpital de la Miséricorde, qui les recueillait, et dont certains devinrent les tristement célèbres orphelins de Duplessis: pour faire des économies, les religieuses, de concert avec le gouvernement, finissaient par les envoyer dans des asiles où, avec la complicité des médecins, on les déclarait officiellement fous et les gardait parfois toute leur vie.

Toutes les filles n'étaient pas forcées de se plier à cette pratique qui aujourd'hui nous semble aberrante.

Estelle, une amie de la famille Drouin, de son côté, avait eu son premier enfant à dix-sept ans et n'avait épousé le père, peu enthousiasmé à l'idée d'un mariage forcé, que quelques années plus tard.

Si on ne l'avait pas poussée à aller porter son «enfant illégitime», son «bâtard» à l'orphelinat, c'est que, quel-

ques années plus tôt, une de ses sœurs, Juliette, avait eu, elle aussi, une malchance, comme on disait. Elle, ses parents l'avaient forcée, pour éviter l'opprobre, à laisser son bébé à la crèche de la Miséricorde. Elle ne s'en était jamais remise et on prétendait qu'elle en était devenue folle.

Rongée par la culpabilité, elle allait adopter successivement nombre d'enfants dont on finirait par lui retirer la garde parce que, paradoxalement, elle les maltraitait. C'était par vengeance: elle était bizarrement persuadée que son enfant, qu'elle n'avait jamais pu voir, était martyrisé par la femme qui le lui avait volé, lisez: qui l'avait adopté.

Pauvre Juliette, qui avait dû abandonner son petit bébé, sans même avoir eu le droit d'apercevoir son visage, même si elle l'avait porté pendant neuf mois, même si elle avait accouché dans la douleur, selon la prescription biblique, uniquement soulagée, au moment où passait la tête de l'enfant, par un peu d'éther qu'on lui présentait sous le nez, épidurale de l'époque.

Pauvre Juliette, devenue folle de chagrin...

Heureusement, même si l'avortement constituait une solution, et même si Éric, le père de sa première petite-fille, était plutôt frileux, il n'avait jamais été question qu'Albertine ne garde pas son bébé.

Albertine enceinte...

Comme les choses avaient changé en à peine deux générations ! À la vérité, elles avaient changé et elles étaient restées les mêmes, d'une manière : les filles, malgré la pilule, malgré le stérilet, devenaient enceintes sans être mariées. Au moins, maintenant, elles étaient libres de garder leur bébé : la société ne les leur enlevait pas pour le placer dans une crèche ou un asile !

Albertine réitéra son intention de partir.

— Je comprends, dit ma mère.

Les mères doivent toujours tout comprendre, même les choses les plus incompréhensibles, et à la fin de leur vie elles pourraient volontiers donner des leçons, et les philosophes n'auraient qu'à aller se rhabiller : le voilà le doctorat qu'on devrait leur décerner !

Oui, les mères passent leur vie à tout comprendre, mais personne ne leur demande jamais vraiment conseil.

Leurs fils, parce que ça ne se fait pas : ils n'en demandent même pas à leur père, qui n'en ont pas demandé au leur.

Ils préfèrent faire semblant de parler. C'est tellement plus confortable de rester à la surface des choses

de la vie, et c'est tellement fascinant le hockey, la politique et la finance : le nombre de buts, le nombre de votes, le nombre d'actions. Les chiffres, toujours les chiffres : il n'y a que cela de vrai ! Alors parler à leur mère qui n'entend rien à ces matières grisantes, il ne faut pas rêver en couleurs.

Quant aux filles, elles sont convaincues, de naissance, dirait-on, que leur époque est complètement différente de celle de leur mère, qui à leurs yeux ne comprend jamais rien. Pourtant, ça les rendrait tellement heureuses, les mères, que leurs filles leur demandent un conseil, un malheureux petit conseil, qu'elles n'auraient même pas à suivre de toute manière.

Albertine avait serré très

fort ma mère dans ses bras, enfin aussi fort que son ventre prometteur le lui permettait, et elle lui dit :

– De toute manière, maman, je vais venir te voir tous les jours…

Ma mère sourit mais elle n'était pas dupe : la promesse d'une fille à sa mère, même d'une bonne fille – et nul doute qu'Albertine en était une –, c'est un peu comme une promesse d'ivrogne.

Parce que ces paroles faussement rassurantes étaient exactement celles qu'avait dites Raymonde quand elle était partie. Et si la première semaine elle était effectivement venue tous les jours, la seconde, elle n'était plus venue qu'un jour sur deux puis elle s'était contentée de téléphoner et n'était plus venue qu'une fois par semaine, cela quand elle n'accompagnait pas son mari qui voyageait beaucoup ou quand elle n'avait pas un procès à l'extérieur de la ville, ce qui lui arrivait de plus en plus fréquemment car sa réputation d'avocate grandissait.

Quant à Cécile, on n'en parlait pas. À son départ, elle n'avait même pas fait de promesses à maman : elle était ambitieuse et ses études lui prenaient déjà tout son temps.

Non, Raymonde, Cécile, dès qu'elles avaient quitté la maison familiale, avaient été absorbées par leur vie. Et Albertine, malgré toute sa bonne volonté, malgré sa tendresse, les imiterait tôt ou tard : c'était dans l'ordre des choses. Quant à moi, ma mère savait que je profitais de chaque heure de temps libre que j'avais pour écrire, et je n'en avais pas des masses, car pour gagner ma vie je devais donner tous les soirs des cours de yoga à l'Université de Montréal. Et puis les mères ont moins d'attentes envers leurs fils qu'envers leurs filles, et je profitais de cette clémence. De toute manière, c'est connu, les romanciers, comme les artistes en général, sont des monstres d'égoïsme.

Albertine, ultime espoir maternel…

Pourquoi n'avait-elle pas accepté de renoncer à cet appartement dont elle serait seule à payer le loyer, l'électricité, le chauffage et quoi encore ? Et comme elle n'avait qu'un poste de libraire à mi-temps et une petite somme récemment héritée de sa marraine. Élever son enfant avec elle, pensait tout naturellement petite mère, ç'aurait été chouette : dans la maison devenue trop grande depuis le départ de tout le monde, et il y aurait une chambre pour sa petite-fille, alors que dans son minuscule deux et demie, avec une cuisine grande comme la main…

Maman avait eu un choc, qu'elle avait préféré taire sous des compliments de circonstance, lorsqu'elle était allée signer le bail avec Albertine, d'autant que cette dernière n'avait cessé de s'extasier devant le charme des fenêtres à espagnolette, des vieilles boiseries, sans compter le quartier (la petite Athènes à deux pas d'Outremont !) qui avait une âme…

Une âme…

Troquer cet appartement minuscule, dans un quartier douteux, contre la maison familiale, un *split-level* à Duvernay qui, sans être luxueux, était tout de même confortable, et surtout ne coûterait à Albertine pas un sou de loyer ni de pension, voilà une autre chose incompréhensible que ma mère devait comprendre.

Albertine allait partir, mais ma mère la retint :

– Attends, dit-elle, j'ai quelque chose pour toi…

La veille, jour de son déménagement, elle lui avait remis son « trousseau », comme elle s'en était elle-même préparé un pendant des années avant de se marier, dans lequel, tout comme pour elle, elle avait réuni nappes, draps, serviettes, linges de vaisselle, auxquels elle avait ajouté un grille-pain, une bouilloire, une vieille batterie de chaudrons, des assiettes, de la coutellerie, enfin tout le nécessaire de la jeune mariée, même si sa benjamine ne partait pas pour se marier. Mais c'était un peu la même chose, non ? Enfin, c'était rassurant pour ma mère de le penser.

La prévoyante générosité maternelle ne s'arrêtait pas à ce trousseau, qui avait fait un peu sourire ma sœur Albertine : décidément, maman pensait toujours à tout ! Cette dernière, comme une véritable abeille, disparut dans la cuisine et en revint quelques secondes plus tard avec un grand sac de plastique qu'elle posa sur la table de la salle à manger pour l'entrouvrir :

– C'est pour toi. J'ai préparé quelques petits trucs.

Il y avait des dizaines de plats qu'elle avait cuisinés patiemment, mis dans des contenants de plastique Tupperware puis étiquetés avec la description du mets et la date de sa préparation…

Lorsque Albertine s'approcha et vit cette profusion de Tupperware, elle protesta, émue :

– Tu n'aurais pas dû, maman, voyons…

– Ce n'est rien, ce n'est rien. C'est seulement pour que tu ne manques de rien. Tu manges pour deux, maintenant.

– Oh, maman, tu es tellement gentille, dit Albertine qui ne put faire autrement que s'approcher de maman, et l'embrasser.

Puis elle ajouta :

– Bon, je pense que je vais y aller, maintenant.

– Tout de suite ?

– Oui, j'ai tellement de choses à faire, et puis Éric est supposé passer à l'appart cet après-midi, et comme il n'a pas encore de clé.

Pas encore de clé ! Comme si elle était tenue de lui en remettre une, lui qui voulait conserver son propre appartement !

Malgré tout, maman ne dit rien.

Elle eut alors une réminiscence. Je ne la devinai pas mais ma mère me la rapporta, bien plus tard, lorsqu'elle me raconta tout ce qu'elle avait vécu ce jour-là.

Elle revit tout à coup sa belle Albertine qui, à partir d'un an et demi, bien potelée, replète à souhait, avec sa tête de chérubin, ses joues rondes et les boucles lumineuses de ses minces cheveux dorés, avait commencé à lui répéter, dix fois, cent fois par jour : « Moi les bras, moi les bras ! » Ce qui, dans sa langue de poupon, voulait dire : « Prends-moi dans tes bras ! » Maintenant, ironie de la vie, c'était ma mère qui aurait eu envie de lui crier : « Moi les bras ! » Mais une mère ne dit pas pareille chose à sa fille de vingt ans enceinte de sept mois.

Je me proposai pour porter le sac de victuailles jusqu'à la voiture d'Albertine, sa vieille BM qui tenait le coup malgré la rouille qui la rongeait.

Puis ce furent les ultimes embrassades. Ma mère regarda avec inquiétude Albertine monter dans sa voiture, passer sa ceinture de sécurité sur son ventre si fragile, puis s'éloigner, en direction du boulevard Lévesque, qui était à cinquante mètres à peine et longeait la rivière des Prairies, décor de tant de mes jeux enfantins.

Cette vieille BM noire, aux yeux de maman, c'était comme un corbillard emportant sa benjamine vers une autre vie, sa vie à elle, sa vie de femme bientôt mère qui connaîtrait les corvées, les soucis et les chagrins de la maternité…

Oui, maman voyait sa petite dernière s'éloigner dans sa vieille voiture, qui avait des ratés et qui pourtant poursuivait sa route : il n'y avait plus rien à faire.

Elle agita longuement la

main pour dire adieu à son Albertine adorée. Elle souriait mais je voyais bien qu'elle faisait un effort surhumain pour retenir ses larmes, pour que la fête ne se termine pas mal, je veux dire pour moi qui restais à ses côtés, avec Véronique qui, plus sensible, laissa couler une larme sur ses belles joues rondes.

Elle comprenait ce que vivait ma mère, ce que vivent toutes les mamans : c'était fini la vie de mère à plein temps, choisie toute jeune, comme une irrésistible vocation de peintre ou de comédien, et non pas par obligation, parce que c'était ce que choisissaient la plupart des femmes de son époque sans le choisir vraiment, parce que les femmes de carrière, en 1950, n'étaient pas monnaie courante.

C'était comme si la boîte qui l'avait employée pendant vingt-cinq ans fermait tout à coup, pire encore, la mettait à la porte ou à la retraite sans préavis, alors qu'elle était encore en pleine possession de ses moyens, dans la force de l'âge.

Par je ne sais quelle mystérieuse osmose, je ressentis moi aussi la tristesse de ma mère, et mieux encore, en cette correspondance des sentiments dont nous ne trouverons peut-être jamais la clé, je revis une scène déchirante, survenue quelques années plus tôt lors du décès de ma grand-mère maternelle. Nous étions tous réunis au salon funéraire, et le temps était venu de refermer le cercueil.

Ce moment est toujours un des plus pénibles : le mort est mort depuis plusieurs jours, il ne se ressemble plus guère même si dix visiteurs se sont banalement exclamés qu'il se «ressemblait» et que l'embaumeur avait bien travaillé, et pourtant lorsque les croque-morts referment dignement le cercueil, les proches ont la douloureuse impression que le mort meurt une deuxième fois ou en tout cas qu'il meurt pour de bon. Petite mère ne put échapper à ce sentiment si répandu.

J'avais presque dû l'arracher du prie-Dieu sur lequel elle s'était longuement recueillie. Elle avait enfin consenti à se relever non sans avoir serré une dernière fois les doigts de sa mère octogénaire entrelacés sur le chapelet avec lequel elle avait prié toute sa vie. Mais lorsque les croque-morts refermèrent le couvercle de la tombe, maman fondit en larmes, en répétant : «C'est fini, c'est fini…»

Je me sentis alors submergé par toute la tristesse de ma mère, et pourtant, parce que j'avais toujours été habitué, absurdement, à dominer mes émotions, je me retins de pleurer, peut-être pour ne pas que mes larmes exaltent la douleur maternelle déjà si vive. Je me contentai de presser contre moi petite mère, passant mon bras autour de ses épaules, comme un châle de fortune, tout en lui répétant, penché sur son beau visage défait par les pleurs : «On est avec toi, petite mère, on est tous avec toi et on t'aime…»

Alors elle se tourna vers moi et esquissa un sourire quasi miraculeux dans les circonstances. Et dans ses yeux baignés de larmes, il y eut cette lumière, lanterne magique de l'amour maternel, qui ne manquait jamais de briller pour nous, même dans les moments les plus difficiles pour elle.

Était-ce cette scène qu'elle revivait en voyant s'éloigner la primesautière Albertine dans sa voiture incertaine ? Ma sœur pourtant avait officiellement déménagé la veille, mais comme Éric n'était pas là, et qu'elle n'avait eu ni le temps ni la force de préparer le lit pour la nuit, elle était revenue coucher à la maison une dernière fois.

Maman avait pu penser que ce n'était pas encore pour de bon, ce départ, que c'était juste un mauvais rêve, mais maintenant, oui, sa petite dernière était vraiment partie.

J'éprouvai un frisson étrange lorsque j'entendis, ou en tout cas qu'il me sembla entendre ma mère dire comme pour elle-même, l'air absent, juste avant de se retourner vers Véronique et moi : « C'est fini ! »

Oui, c'est fini, précisément les mots qu'elle avait proférés devant le cercueil de sa mère qu'on refermait.

– Qu'est-ce que tu dis ? osai-je demander.

– Moi ? Rien, préféra-t-elle nier.

Et en prononçant ces mots, elle se retourna brusquement, nous tournant à nouveau le dos. Elle avait relevé le bras, qu'elle agita de plus belle, et malgré son arthrite persistante, elle se mit à courir pour rattraper la voiture d'Albertine.

– Albertine, Albertine ! s'époumona-t-elle.

La vieille BM d'Albertine s'était immobilisée à l'arrêt, au coin du boulevard Lévesque. Longuement et un peu bizarrement car aucune voiture ne l'empêchait de s'y engager.

Comme si Albertine avait oublié quelque chose.

Ce n'est que bien plus tard que je sus la raison de son hésitation : elle avait tout à coup réalisé qu'elle quittait pour de bon la maison familiale où elle avait coulé des jours si heureux, et elle avait fondu en larmes : la vie, comme l'amour, est une longue séparation.

Elle avait haussé la musique. *You Can't Always Get What You Want* des Rolling Stones, ça redonne du courage, en tout cas ça étourdit pour tourner la page sur son enfance, et c'est ainsi qu'Albertine n'entendit pas maman l'appeler.

Elle tourna enfin sur le boulevard Lévesque, au moment même où petite mère allait la rejoindre. Lorsque maman vit que c'était peine perdue, elle s'immobilisa, puis revint vers Véronique et moi, tout essoufflée, très pâle, son beau front baigné de sueur, et elle s'expliqua. Elle avait préparé une boîte pour Albertine, une boîte pleine de photos d'elle, lorsqu'elle était bébé, lorsqu'elle n'était qu'une fillette aux admirables tresses blondes, une boîte pleine aussi de divers objets : des oursons, des hochets, des ballons, de vieilles poupées sans compter des vêtements qui lui avaient appartenu, et qui pourraient être utiles à sa petite fille, dans deux mois. Mais, dans l'excitation de la fête, elle avait oublié de lui remettre cette boîte.

Le souffle encore court, elle me regarda avec intensité, sans rien dire, pendant quelques secondes, et il me sembla deviner ce qu'elle allait me demander : que j'aille porter cette précieuse boîte à Albertine qui était partie un peu trop vite. Je fis comme si je n'avais pas lu dans sa pensée ou plutôt, pour me donner bonne conscience, comme si je m'étais seulement imaginé des choses. Et ne lui laissant pas le temps de me demander ce petit service que j'aurais pourtant pu lui rendre car Albertine n'habitait pas très loin de chez moi, je m'empressai de dire, ayant consulté ma montre avec effarement :

— Il faut vraiment que je parte, sinon je vais rater la correctrice…

— Va, va, dit généreusement maman, qui ne fit aucune autre allusion à cette boîte.

Elle se consola sans doute à la pensée que ce serait une occasion toute trouvée de visiter sa fille : elle irait elle-même lui porter la boîte dès le lendemain.

Je notai alors une expression imperceptible de douleur sur son visage encore humide de transpiration,

et je pensai qu'elle éprouvait peut-être le même malaise que plus tôt pendant le repas : l'effort fourni pour rattraper Albertine n'était certes pas bon pour son pauvre cœur, et son arythmie faisait de nouveau des siennes. Mais comme elle ne se plaignait pas, je fis comme si de rien n'était, et l'ayant laissée nous embrasser, Véronique et moi, je la quittai : je ne tarderais pas à le regretter amèrement.

Maman rentra et retourna

s'asseoir à la table de la salle à manger. Elle aurait certes pu lui préférer le canapé du salon attenant à la salle à manger, où elle aimait lire ou parler longuement au téléphone avec ses amies. Mais c'était vers la table de la salle à manger que, mécaniquement, ses pas l'avaient ramenée.

Seule.

Chacun avait une bonne excuse, d'ailleurs même pas une excuse mais, elle devait l'admettre, tout simplement sa vie dont elle paraissait de plus en plus exclue.

Une vie, est-ce qu'il lui en restait une puisqu'elle avait consacré les vingt-cinq dernières années de son existence exclusivement à ses enfants, s'absorbant, s'oubliant complètement dans cette tâche ?

On dit que la vie commence à quarante ans : la sienne, elle avait l'impression qu'elle venait subitement de prendre fin à cinquante.

Le matin, alors qu'elle s'était maquillée avec une application inquiète pour effacer les traces de sa nuit blanche, elle avait trouvé, peut-être pour la première fois de sa vie, qu'elle faisait son âge : oui, le temps l'avait rattrapée, comme il le fait toujours, et ce ne sont pas les crèmes miraculeuses que vantent des filles de dix-huit ans qui y changeraient quelque chose. Il lui semblait – mais c'était peut-être juste la fatigue, le découragement – qu'elle avait pris, comme on dit, un coup de vieux.

Elle avait trouvé plus profonde que d'habitude cette ride soucieuse qui lui traversait le front depuis la mort de sa mère, et la peau de son cou, qui trahit si souvent les femmes, même les mieux conservées par les plus savantes chirurgies, comment pouvait-elle nier qu'elle s'était relâchée ?

Une jeune femme, de toute manière, il était entendu qu'elle n'en était plus une : on est désigné ainsi jusqu'à trente-deux, trente-cinq ans, avec de la chance. Ensuite on dit une femme. En tout cas personne ne dit jamais : une jeune femme de quarante ans. Et à cinquante, on dit quoi ?

Ça commence quand, la vieillesse, au fait ?

Ni jeune femme, ni vieille femme, tout de même, maman entrait dans les limbes de son existence : ni dans le paradis insouciant de la jeunesse, ni dans l'enfer de la vieillesse. Nulle part, en somme, dépossédée, car en perdant charge d'âme, c'est un peu son âme qu'elle avait perdue.

Elle contempla la table de la salle à manger, qui tout à coup lui parut une allégorie de toute sa vie. Il y avait, dans le fond du saladier de verre rapporté d'un voyage vénitien, quelques tranches de concombre dédaignées par les convives, trois ou quatre feuilles de laitue Boston amollies par la vinaigrette.

Sur la belle nappe de dentelle, autour de la tache de vin qui avait encore pâli, étaient dispersées, tels des amis de jeunesse, des miettes de pain... Çà et là, entre les assiettes et les ustensiles en désordre, des amas de papier d'emballage froissé se dressaient comme des montagnes dans une plaine, et les bouts de ruban qui les serpentaient avaient l'air de rivières qui coulent vers une mer qu'on ne verra jamais.

Entre les serviettes de table souillées, des coupes de vin, comme des tours, semblaient assurer une inutile vigile, et leur verre était bariolé de marques de rouge à lèvres, de graisseuses empreintes de doigts, traces indéniables de la fête trop vite terminée, comme s'était trop vite terminée l'époque de petite mère, celle où elle pouvait se vanter – n'était-ce pas son titre officiel, après tout ? – d'être la reine du foyer : elle serait reine de quoi, désormais ?

Reine de rien, reine sans royaume, à la limite reine à distance, parce que ses enfants, tout de même, n'étaient pas morts, et elle restait leur mère jusqu'à nouvel ordre !

Reine à distance, comme on gère une société à distance ce qui, de l'avis de son mari qui avait parfois parlé de cette situation à laquelle étaient placés ses clients internationaux, ne donnait jamais de bons résultats et conduisait presque invariablement à des difficultés, parfois à la faillite.

Sa vie était-elle une faillite ?

Comment en dresser le bilan ?

Aucun de ses enfants n'avait, comme on dit, mal tourné mais à part Raymonde, l'aînée, qui avait eu la sagesse d'imiter papa et de faire brillamment son droit, tous avaient choisi des métiers incertains. Pour Cécile, il fallait être juste, on ne savait pas encore : elle en était à compléter son mémoire de maîtrise en linguistique. Mais ça fait quoi, au juste, une linguiste ?

Maman lui avait posé la question, une fois, pour en avoir le cœur net et surtout apaiser ses inquiétudes, et Cécile s'était esclaffée, comme si on lui posait la question la plus stupide au monde : « Maman, qu'est-ce que tu vas demander là ? » Maman n'avait pas insisté pour ne pas passer pour une mère rétrograde qui ne connaît rien des nouveaux métiers qui naissent tous les jours comme les champignons après la pluie.

N'empêche, ce métier lui paraissait bien mystérieux.

Moi, avec mes ambitions littéraires, je devais être le cauchemar de ma mère et de mon père : je n'avais même pas pu citer à ce dernier un seul romancier qui vivait de sa plume, à part les célébrités. Mais ne devient pas une célébrité qui veut ! Et puis, les célébrités – mon père en avait déjà représenté – étaient souvent beaucoup moins riches que le public ne croyait !

Quant à Albertine, que rien ne semblait arrêter, elle parlait avec exaltation de travailler dans le milieu du cinéma ou de la télévision, à titre de recherchiste ou de scénariste – ma mère ne savait plus trop – et avait réussi à décrocher de petites piges à ses yeux fort prometteuses. Ce qui n'était guère rassurant pour maman, d'autant qu'Albertine, avec son enfant, aurait des obligations financières précises pendant... les vingt prochaines années de sa vie ! Et si son étudiant en anthropologie disparaissait complètement de la circulation lorsque l'enfant paraîtrait, avec tout le cortège des obligations, ne crèverait-elle pas de faim ?

Si, à la limite, le père devenait tout à fait l'homme invisible, maman ferait contre mauvaise fortune bon cœur.

Elle en profiterait pour offrir plus souvent son aide à Albertine sans s'imposer. D'ailleurs, la chose était assurée, Albertine elle-même l'appellerait au secours au bout de trois semaines, lorsque l'exaltation de la naissance serait passée et que toute la fatigue de la grossesse et de l'accouchement ferait surface, comme il arrive neuf fois sur dix.

Oui, quand Albertine comprendrait ce que c'est que de prendre soin seule, vingt-quatre heures sur vingt-quatre, d'un bébé naissant, elle déchanterait. Elle aurait beau adorer son bébé comme la prunelle de ses yeux : le biberon trois fois par nuit, cinq fois par jour, les pleurs continuels, les dix changements de couche quotidiens, les insomnies inévitables auraient vite raison de l'indépendance de sa fille qui quémanderait le renfort maternel pour éviter la dépression nerveuse.

Oui, Albertine connaîtrait bien vite la tyrannie de ne pas avoir une minute à soi, parce que le bébé, c'est connu, prendrait tout pour lui, et alors elle ne ferait ni un ni deux. Elle l'appellerait à la rescousse, mieux encore elle liquiderait peut-être ce ridicule appartement qui lui coûtait les yeux de la tête, et elle reviendrait vivre à la maison. Alors tout recommencerait, comme par magie, tout recommencerait parce que la vie, si fertile en déceptions, parfois vous fait de ces surprises admirables, parfois vous récompense de tous vos efforts : l'amour d'une mère est comme un aimant qui attire à lui tous les enfants de la terre.

Dans le fond, maman n'était plus du tout certaine que nous n'avions pas mal tourné, à part Raymonde qui était parfaite puisque, outre qu'elle était avocate, elle n'avait pas suivi la déplorable mode qui avait entraîné presque toutes ses amies et s'était mariée, peut-être un peu jeune, mais bien, à un médecin que la famille avait accueilli à bras ouverts.

La philosophie de Cécile était plus inquiétante car elle professait une haine tranquille contre le mariage, juste bon à ses yeux à asservir les femmes et à retarder leur carrière. Du reste, elle choisissait toujours des hommes qui justement n'étaient pas mariables, chômeurs, éternels étudiants ou, pire encore, déjà mariés, comme le dernier avec qui elle avait perdu des plumes même si elle se targuait de ne jamais tomber dans ce qu'elle appelait le piège stupide des sentiments. Avec cette mentalité qui la condamnait à rester seule toute sa vie, comment se débrouillerait-elle si son métier de linguiste…

Petite mère préférait ne pas trop y penser.

Ses beaux yeux étaient encore posés sur la table désertée, mais elle ne la voyait plus, maintenant. Et, encore essoufflée même si elle était assise depuis une dizaine de minutes – elle était incapable de calmer son cœur – elle pensait à tous les repas mémorables que cette table avait accueillis : anniversaires, nominations, collation des grades, sans compter la première communion des enfants.

Il y en aurait d'autres, bien entendu, lorsque par exemple Albertine accoucherait, lorsqu'elle ferait baptiser son enfant.

Un sourire illumina le visage de ma mère : une naissance, c'est toujours une joie, un miracle, un petit être vient d'on ne sait où, se joint à nous pour le mystérieux voyage de la vie.

Maman, les yeux illuminés par cette vision de l'avenir, voyait déjà Albertine revenir, une valise dans une main, l'enfant dans l'autre.

Elle pleurerait peut-être un peu, parce qu'elle aurait honte d'être partie pour revenir aussitôt, mais maman ne dirait rien, elle aurait juste un profond soupir de soulagement, une joie silencieuse, et tout de suite elle prendrait dans ses bras ravis ce nouveau-né…

Ce nouveau-né dont Albertine avait choisi le prénom dès qu'elle avait su que ce serait une fille – Arlette – et qui serait un peu comme son propre enfant : après tout, il était le sang de son sang, la chair de sa chair.

Il restait un peu de rouge dans une bouteille. Même si maman n'aimait guère boire, elle s'en versa un verre, qu'elle but d'un seul trait, comme pour célébrer à l'avance le retour quasi certain d'Albertine. Elle sourit.

Les choses allaient s'arranger. C'est monnaie courante qu'une fille revienne à la maison – c'était arrivé à plusieurs de ses amies ! – surtout lorsqu'elle est partie trop tôt. Et lorsqu'en plus elle est partie comme Albertine, alors les chances sont multipliées par cent, par mille !

La sonnerie du téléphone retentit. Maman était si absorbée dans sa rêverie qu'elle sursauta puis tout de suite pensa, triomphante : «C'est Albertine ! C'est Albertine ! Elle a déjà changé d'idée et elle m'appelle pour me demander de tout préparer ! »

Tout préparer : la chambre du futur poupon, avec le berceau, oui, le berceau qui avait servi à Albertine et qu'elle avait gardé même si elle était certaine de ne plus avoir d'enfant. Voici à quoi il allait servir : accueillir sa magnifique petite-fille !

Maman se leva d'un bond, courut vers la cuisine, décrocha le récepteur, mais ne reconnut pas tout de suite la voix d'Albertine. C'était une voix de femme jeune mais pas celle d'Albertine.

— Je suis la secrétaire de monsieur Chopin, expliqua la jeune femme, je vous passe votre mari.

Au bout du fil, mon père expliqua à ma mère que la réunion risquait de se prolonger et qu'il était préférable qu'elle ne l'attende pas pour dîner.

— Je comprends, dit-elle, même si elle était doublement déçue : non seulement ce n'était pas Albertine qui appelait, mais en plus papa lui annonçait qu'il rentrerait tard.

Elle qui avait la solitude en horreur ! Elle s'en paierait à nouveau une bonne dose !

Son mari avait quand même eu la politesse de la prévenir dès qu'il avait su qu'il ne rentrerait pas. Il avait toujours fait preuve de cette courtoisie à son égard, même après tant d'années alors que c'est la tendance naturelle des couples de se relâcher à ce chapitre : on traite plus mal son conjoint qu'un parfait étranger !

Oui, papa, qui était très occupé, certes, mais qui avait toujours été là pour elle.

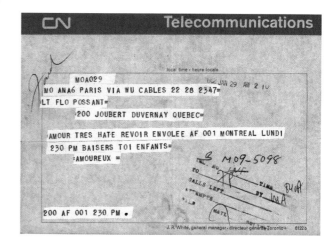

Malgré ses très nombreux voyages d'affaires, malgré ses longues heures passées au bureau, papa rentrait rarement avant sept heures du soir, soi-disant pour éviter la ruée de cinq heures, mais surtout, je crois, parce qu'il avait toujours professé que le succès ne se gagne qu'en se surpassant constamment, donc en mettant les bouchées doubles.

C'était le _credo_ de l'époque, et ma mère en subissait les conséquences car longtemps elle fut obligée de préparer deux repas, l'un pour nous, affamés comme des loups dès que cinq heures sonnaient, et l'autre, plus tardif, pour papa, lorsqu'il revenait enfin du bureau, les bras souvent chargés de dossiers qu'il étudierait une bonne partie de la soirée.

Ma mère était allergique à la solitude. Pour en combattre la conséquence première – le silence – elle restait rarement plus de cinq minutes sans ouvrir la radio ou la télé, même si elle ne l'écoutait pas.

Elle se dirigea vers la stéréo familiale, qui n'avait rien à voir avec les appareils modernes, de taille minimaliste. Celle de mes parents était logée dans un meuble fort imposant dont ils tiraient une grande fierté, une sorte de buffet de bois verni de couleur grège qui devait avoir plus de deux mètres de façade et occupait une bonne partie du mur à droite de la cheminée du salon. Au-dessus, offertes par un client milanais de mon père, deux lithos en noir et blanc, l'une représentant la basilique Saint-Pierre de Rome, l'autre le Colisée.

Cette stéréo comportait, outre le tourne-disque, une enregistreuse et une radio, qu'on découvrait en soulevant la grande porte du dessus du meuble. Des portes plus modestes, sur la partie frontispice, ouvraient sur des tiroirs ou des tablettes où on pouvait remiser des disques. Maman en choisit un de Nat King Cole, et écouta *Too Young to Love*.

Les souvenirs sont comme une fièvre : ils surgissent en vous sans s'annoncer et vous ravagent ou vous ravissent selon votre passé.

Too Young to Love, c'était le premier morceau sur lequel elle avait dansé avec mon père. Ma mère se revit alors, timide, à l'entrée du parquet de danse, dans une

belle robe de coton clair et d'élégants escarpins de toile vert pomme. D'entrée de jeu, comme pour se défiler, elle avait prévenu mon père qu'elle n'avait aucun talent, qu'elle n'avait pour ainsi dire jamais dansé.

Mon père, qui avait le rythme dans le sang, l'avait tout de suite rassurée : elle n'aurait rien d'autre à faire que le suivre. Il avait raison : elle s'était étonnée de la facilité avec laquelle elle avait évolué sur la piste de danse, comme si elle dansait depuis toujours. Avec lui.

Comme il la faisait virevolter avec aisance ! Comme il cambrait sa taille sous son bras ferme malgré sa maigreur ! Mon père ne pesait que cinquante-trois kilos lorsqu'il s'était marié, et, dans un effort d'une touchante naïveté, il s'était mis à la gymnastique, de manière, avait-il expliqué avec confiance à ma mère, que leurs enfants soient plus robustes que lui.

Oui, comme tout était facile à l'époque !

Comme les rires fusaient aisément, comme les pieds de maman étaient légers, et agiles ses chevilles, que n'avait pas encore attaquées une arthrite pernicieuse dont elle ne pourrait jamais se débarrasser !

De ce souvenir de leur première danse jusqu'à celui de leur rencontre, il n'y avait qu'un pas à faire, que, dans sa nostalgie soudaine, petite mère fit alors.

Un été, elle s'était laissé convaincre par une collègue d'aller passer deux semaines à Saint-Gabriel-de-Brandon, à la pension Lévesque, une auberge tenue par ce qu'on appelait dans les années cinquante – et pour bien longtemps encore – deux vieilles filles, c'est-à-dire des femmes qui avaient franchi le cap fatidique des vingt-cinq ans sans avoir trouvé mari, denrée parfois rare après les ravages de la Deuxième Guerre mondiale. Or à la dernière minute, son amie s'était capricieusement décommandée.

Dans le temps, il était mal vu pour une jeune femme – ma mère avait à peine vingt ans – de partir seule en vacances, mais ma mère n'avait pas voulu renoncer à son voyage et ses parents, chez qui bien entendu elle habitait, l'avaient complaisamment laissée partir.

Surtout qu'elle se ferait prudemment reconduire à cette pension par son cavalier, un certain Armand Demers qui, dès ses premières visites, avait vivement impressionné mon grand-père maternel car il conduisait une rutilante Studebaker, ce qui pour son âge – il avait le même âge que ma mère – était le signe certain de sa débrouillardise : c'était en somme un bon parti.

Ma mère était tout sauf éprise de lui mais se laissait gentiment courtiser d'autant qu'il la couvrait flatteusement de cadeaux. Lui était aimé par une autre fille, qui aurait même été prête, crime considérable et pourtant assez fréquent dans ces années pas si prudes qu'on ne le croit, à se donner à lui avant le mariage. S'il avait voulu d'elle. Or c'est maman qu'il voulait. Elle, allait bientôt en préférer un autre : papa. Banale maldonne de l'amour, qui pour nous prenait figure de destin.

Lorsque Armand Demers ouvrit avec élégance la portière de sa Studebaker pour laisser sortir maman, qui portait des tennis immaculés, une jupette toute blanche et un polo marine, des quatre mousquetaires

célibataires assis sur la véranda de la pension Lévesque, trois seulement se précipitèrent pour accueillir la ravissante nouvelle venue et la soulager de sa raquette de tennis et de sa valise.

Le seul qui resta tranquillement assis, c'était papa, qui était précisément resté assis parce qu'il avait été ébloui. Ce n'était pas tant par timidité que par stratégie. La nouvelle pensionnaire était trop belle, mieux valait se montrer indépendant sinon elle s'enflerait la tête de voir tous les hommes se jeter immédiatement à ses pieds !

Pourtant au premier repas pris en commun, de crainte qu'un rival ne lui dame le pion, il avait tout de suite renoncé à sa dangereuse indépendance et s'était empressé d'« entreprendre » maman. Au grand dam d'une certaine Gisèle qui, dès les premiers jours de la semaine que mon père venait de passer à Saint-Gabriel, s'était amourachée de lui, et ne le laissait pas d'une semelle. Cela, jusqu'à ce que mon père ait la révélation de l'amour véritable avec celle qui allait devenir notre mère.

Le lendemain, et tous les jours qui suivirent, mon père ne cessa de faire des clichés de ma mère qui, si elle se laissait prendre en photo, ne se laissait pas prendre par la main : après tout, elle avait déjà un ami, qu'elle n'aimait que médiocrement mais tout de même…

Au bout d'une semaine, mon père, qui devait repartir vers la ville, ne paraissait pas avoir fait de grands progrès. Ma mère pourtant lui demanda : « Est-ce que je vais voir les photos ? » Il répliqua, non sans un périlleux aplomb : « Si c'est seulement pour les voir, je ne suis pas intéressé… »

Elle admit, avec un certain embarras – et même si elle avait refroidi systématiquement toutes ses ardeurs – que ce n'était pas seulement pour les photos. C'était pour quoi, au juste ? Elle était bien trop fine mouche (ou timide) pour le lui dire mais consentit à lui donner son adresse et son numéro de téléphone.

Lorsque, une semaine plus tard, elle rentra de la campagne, ce fut pour trouver sur la petite table de chevet de sa chambre les trois lettres enflammées que mon père lui avait écrites, profitant, expliquait-il, des terribles nuits blanches qu'il vivait depuis qu'il était séparé d'elle : il avait décidé de renoncer tout à fait à sa stratégie du début, d'autant plus dangereuse que, lorsque ma mère reviendrait en ville, elle reverrait inévitablement ce rival dont elle lui avait malgré tout parlé, pour justifier sa réserve. Ce rival qui d'ailleurs ne manqua pas de se pointer chez les parents de ma mère dès le jour de son retour, les bras chargés des cadeaux dont cette longue absence de deux semaines lui avait donné l'irrésistible envie.

Ma mère préféra les refuser : elle avait déjà trouvé et lu les lettres de mon père. Et fait son choix : ne dit-on pas qu'on attrape les femmes par les oreilles, comme les lapins ? Plus romantique encore que Victor Hugo, mon père était surtout un épistolier plus convenable qu'Armand Demers qui cachait malhabilement ses hésitations orthographiques sous des taches d'encre qui ne dupaient pas ma mère : incapable de trancher entre un *é* ou un *er,* il laissait pisser sa plume jusqu'à la prochaine difficulté !

Ma mère, première de classe, détestait cette paresse qui était aussi de l'hypocrisie : de toute manière, le destin prend les détours qu'il veut bien et le goût de la correction orthographique en vaut d'autres !

Ma mère avait eu une hésitation en congédiant son cavalier. Pourvu que, ainsi repoussé par elle, il ne subît pas le même terrible sort que son oncle Antonio Drouin, le frère de son père. Cet oncle qui, pendant des années, leur avait apporté des bonbons, avait été le premier à s'enticher de ma grand-mère maternelle assez sérieusement pour se fiancer à elle.

Mais à quelques semaines du mariage, ma grand-mère avait appris qu'il s'était soûlé et, scandalisée, craignant surtout d'épouser un ivrogne, lui avait rendu sa bague de fiançailles sans autre forme de procès.

Quelque temps plus tard, elle épousait son frère Georges, qui allait devenir mon grand-père maternel. Éconduit, le pauvre Antonio, qui comme l'avait craint ma grand-mère, but toute sa vie, ne se consola jamais de cette séparation, même si, par dépit, il épousa bientôt une autre femme dont il divorça quelques années plus tard. On la disait folle, en tout cas maniaque de propreté car tous les matins elle sortait sur son balcon le matelas conjugal pour l'aérer ! Mais peut-être prenait-elle simplement ombrage de l'attachement durable que son mari avait pour ma grand-mère, qu'il avait maladivement entretenu en déménageant en face de chez son frère bienheureux !

Je fus troublé lorsque ma mère me raconta cette histoire, et me demandai si ce singulier destin amoureux n'allait pas préfigurer le mien, comme si la vie s'amusait à jouer les mêmes tours aux âmes des mêmes familles, à quelques générations de distance, comme pour mieux brouiller les cartes !

Mais pourquoi se soucier du destin d'Armand Demers ?

Après tout, ma mère n'était pas fiancée et, même, ne lui avait jamais fait aucune promesse ! Elle ne lui devait rien, en somme, et ses cadeaux, auxquels il s'empressa de faire allusion dès qu'elle parla de séparation, il n'avait qu'à les reprendre : ce qu'il ne se gêna pas pour faire, en homme plus pratique qu'amoureux, ce qui enleva à ma mère ses derniers remords.

En larguant son cavalier officiel, ma mère avait aussi eu une autre crainte : celle que mon père eût changé d'idée malgré ses lettres, dont la dernière remontait à trois jours : loin des yeux loin du cœur !

Mais à peine une heure après que son rival malheureux eût été éconduit, mon père, qui rentrait de ses cours du soir – il travaillait le jour comme stagiaire dans un grand bureau – arriva avec les photos promises. Il s'était mis sur son trente-six, comme on disait, portant une des rares vestes qu'il possédait, une veste en pied-de-poule, noir et blanc, dont il avait encore voulu augmenter le chic en glissant élégamment un mouchoir blanc dans sa poche, côté cœur.

Ses cheveux noirs, séparés sur le côté gauche par une raie impeccable, étaient rejetés vers l'arrière et gominés au Brylcream. Il affichait son sourire triomphant, même s'il venait d'une famille pauvre où, dans son assiette, il y avait plus de pommes de terre que de

viande ! Ce qui comptait, c'était son amour pour maman. Ce qui comptait, c'était son inébranlable confiance dans la vie : qui croit en son étoile et se retrousse les manches réussit tôt ou tard !

Ma mère fut ravie de sa visite inopinée, enchantée par les photos. Encouragé, mon père exhiba un peu mystérieusement son livret bancaire. Ma mère sourcilla. Mon père s'empressa de lui expliquer, avec une fierté non dissimulée et surtout une grande audace sentimentale :

– Regarde, ici…

Ma mère regarda et ne vit rien sinon l'inscription du chiffre treize.

– Je... lui dit-elle en écarquillant ses yeux bleus que faisait ressortir son abondante chevelure brune, coiffée ce soir-là en une longue torsade à la nuque, baptisée la coupe canon pendant la guerre.

– C'est un dépôt. Je viens de faire un dépôt de treize dollars en prévision de notre mariage !

Treize dollars !

Somme considérable à l'époque puisque, lorsque mon père eut terminé ses études, son premier chèque de paie, pour deux semaines, s'élevait, toutes déductions faites, à dix-neuf dollars ! Il est vrai qu'une voiture ne coûtait alors pas plus de deux mille dollars et qu'on achetait un pain pour quinze cents, une pinte de lait pour vingt.

Treize dollars en prévision de leur mariage !

Il n'y avait pas dix jours que mon père connaissait ma mère, elle ne s'était même pas laissé embrasser, et elle sortait avec quelqu'un – il ignorait qu'elle venait de rompre – et déjà, comme un fou, il lui parlait de mariage !

On eût dit qu'il était victime à retardement de l'épidémie de mariages qui avait sévi un peu partout autour d'eux lorsque, au début des années quarante, le Canada, imitant les États-Unis, était entré en guerre contre l'Allemagne nazie. C'est que les célibataires étaient envoyés les premiers au combat, avant les hommes mariés qui, eux, étaient tenus de partir avant ceux qui avaient des enfants.

Alors il y avait eu un peu partout dans le pays une véritable hystérie conjugale : des jeunes gens qui se connaissaient depuis trois jours se mariaient, parfois dans des cérémonies collectives dont certaines regroupèrent jusqu'à cinq cents couples dans des arénas réservés à cette fin ! Après la guerre, il y avait des veuves pensionnées pour le restant de leurs jours, mais aussi des époux qui se retrouvaient et, même s'ils n'étaient en somme que de parfaits étrangers, devaient tenter de trouver le bonheur !

La hâte conjugale de mon père avait, elle, d'autres motifs. Et, flatteuse pour ma mère, elle rencontra un succès certain : treize mois plus tard, ils partaient en voyage de noces !

Les yeux fixés sur sa nappe tachée, le souffle court, petite mère revivait ce voyage.

Comme tout était simple alors ! Comme tout était romantique !

Encore sans voiture, ils avaient dû prendre le train pour se rendre au réputé manoir Saint-Castin, à Beaupré, en banlieue de Québec. Un voyage extravagant pour ne pas dire ruineux puisqu'il en coûtait soixante-cinq dollars par personne, pour une semaine entière ! Mais on ne se marie qu'une seule fois après tout : c'était en tout cas ce que pensaient tous les couples de l'après-guerre. Ma mère avait puisé dans ses économies pour financer une partie du voyage.

Dans le train qui les emmenait vers cet hôtel fabuleux, mon père expliqua à ma mère que, son salaire étant encore modeste, ils attendraient au moins trois ans avant d'avoir leur premier enfant. Mais il plut durant tout leur voyage de noces : neuf mois plus tard naissait Raymonde !

À leur retour de voyage, ils avaient emménagé dans un appartement de la rue Boyer, au 6710, un deuxième étage dont je ne conserve nul souvenir car la famille le quitta alors que j'avais trois ans. Une fois de plus, les économies de ma mère avaient été mises à contribution : mon père n'avait jamais pu mettre beaucoup d'argent de côté car il devait utiliser presque tout son salaire pour payer ses études et une pension à sa mère qui, véritable femme forte de l'Évangile, devait faire vivre seule ses huit enfants et son bellâtre de mari, éternel chômeur.

Oui, ma mère avait dû puiser derechef dans son bas de laine, car à l'époque, pour louer les logements les plus intéressants, il fallait se plier à cette exigence un peu abusive des propriétaires qu'on appelait « acheter une clé », pratique qui a encore cours en Europe, surtout pour les baux commerciaux, et qui, ici, est tombée en désuétude.

Il fallait, avant de signer le bail, débourser une somme qui permettait de couvrir l'achat obligatoire des meubles que le propriétaire y avait disposés. Dans le cas de mes parents, il leur en coûta 1300 dollars pour « acheter » la clé de leur appartement et devenir propriétaires d'un mobilier de salon et de salle à manger, des tapis, des rideaux et d'une cuisinière, que ma mère préféra au piano proposé par le propriétaire.

Quant au réfrigérateur, ils n'en eurent pas la première année, et durent se contenter, comme bien des couples, d'une modeste glacière qu'il fallait régulièrement alimenter pour ne pas tout perdre : heureusement, tous les jours passait dans le quartier le marchand de glace qui vendait vingt-cinq cents les gros blocs de glace qu'il transportait avec ses imposantes pinces.

Maman pensa à ses lointains débuts : elle et papa n'avaient rien mais, sans le savoir, ils avaient tout. Lui avait sa brillante carrière devant lui, elle avait Raymonde dans son ventre et quatre naissances devant elle qui seraient autant d'événements extraordinaires, magiques, chaque fois nouveaux : s'habitue-t-on à pareil miracle ?

Maintenant, il est vrai, ils avaient une maison toute payée et joliment meublée, ils avaient même une piscine, mais qu'était tout cela en comparaison de cette richesse que sont les enfants ?

Le disque de Nat King Cole prit fin, et ma mère le remplaça par un disque de Frank Sinatra. *Strangers in the Night...*

Elle eut un mouvement de découragement.

N'avait-elle pas fait une erreur, il y a vingt-cinq ans, en sacrifiant tout à ses enfants ?

Il lui sembla que, ayant tout donné, maintenant il ne lui restait plus rien.

Strangers in the Night...

Que ferait-elle du reste de sa vie ?

Elle avait brillé, à l'école, sans faire le moindre effort pour se hisser au premier rang. Mais maman ne s'était jamais rendue plus loin que la onzième année et, son cours commercial terminé, s'était mise tout de suite à travailler. Parce que c'était ce que la plupart des filles faisaient : les études dites supérieures, l'université, c'était, à de rares exceptions près, réservé aux hommes, même s'ils n'avaient parfois pas la moitié du talent des femmes qui allaient se contenter d'élever leurs enfants.

Retourner dans un bureau, après une absence d'un quart de siècle ? La perspective n'avait rien d'exaltant.

Ce ne serait pas la même chose que lorsqu'elle était jeune. Alors, elle avait un but : elle amassait des sous pour son mariage, pour son trousseau. D'ailleurs, curiosité de l'époque, elle était même membre d'un club du trousseau ! Chaque semaine elle faisait une contribution modeste, déposait de petites sommes dans un compte spécial, encouragée par des primes, comme des rideaux ou un couvre-pied de luxe pour le futur lit nuptial !

Mais maintenant...

Strangers in the Night...

À la réflexion, si elle avait pu tout recommencer, qu'est-ce qu'elle aurait choisi ?

Avoir des enfants, les aimer pour ensuite les perdre ?

Ou ne pas avoir du tout d'enfants et ainsi ne pas avoir à déplorer leur départ ?

Elle pensa alors, bien banalement, que mieux valait ne pas tarder pour faire la vaisselle, parce que plus elle attendrait, plus ce serait difficile : tout colle dans les assiettes. Elle se leva pour se diriger vers la cuisine, mais fut aussitôt obligée de les reposer sur la table, de se rasseoir : à nouveau, un point au cœur, plus douloureux encore que le premier survenu au cours du repas.

Une sorte de barre qui tout à coup lui traversait la poitrine, que, hélas, elle connaissait trop pour l'avoir ressentie si souvent dans le passé.

Soudain, elle se sentit faible, très faible, et son front se couvrit de sueur : elle avait une bouffée de chaleur qui n'avait rien à voir avec celles de la ménopause.

C'était une faiblesse plus sérieuse que toutes celles qu'elle avait connues. En un geste devenu depuis quelques années trop familier, elle porta la main droite à sa gorge pour prendre ses pulsations cardiaques, dont la lenteur l'inquiéta.

Son cœur battait-il seulement à cinquante, à quarante coups minute, alors que d'habitude son pouls de femme peu portée sur l'exercice s'établissait aux alentours de quatre-vingts pulsations?

– Qu'est-ce que j'ai? se demanda-t-elle avec angoisse. Est-ce que je ne serais pas en train de…

Elle n'osait pas prononcer

les mots, comme si dire la chose allait confirmer le diagnostic, pire encore appeler le malaise au lieu de l'éloigner. Pourtant, ne devait-elle pas se rendre à l'évidence, avouer qu'elle était probablement en train de faire… une crise cardiaque?

Et que peut-être, dans quelques minutes, elle serait… morte, seule comme un chien.

Le jour où sa petite dernière était partie, le jour où on avait célébré ses cinquante ans fatidiques?

Ces pensées n'étaient certes pas de nature à la calmer mais au contraire exaltaient son angoisse, gênaient sa respiration, qui se fit plus haletante, comme si elle manquait d'air, comme si elle était en train de se noyer.

Un vertige maintenant se dessinait, de plus en plus précis : n'allait-elle pas s'évanouir?

Ce sentiment peu rassurant devenait en elle certitude : elle allait perdre conscience.

Ensuite, il arriverait quoi, puisqu'elle était seule?

Elle allait sans doute mourir!

Elle eut alors une vision curieuse : elle n'avait pas huit ans, et se trouvait dans le jardin de la maison de son enfance, au 6788 de la rue Louis-Hémon, la maison que son père, toute sa vie menuisier au Canadien National, avait fièrement construite de ses propres mains.

Oui, elle était dans ce jardin, où son père, l'été, passait presque toutes ses soirées, lorsqu'il ne jouait pas aux dames avec un voisin ou n'allait pas porter de la nourriture – l'hiver, c'était du bois de chauffage! – aux familles les plus démunies du quartier car il était président de la Société Saint-Vincent-de-Paul de sa paroisse, Saint-Barthélemy.

Dans sa vision, son père, qui lui vouait une tendresse particulière, lui montrait comment émonder les plants de tomates, en retirer les gourmands, et la regardait, lui souriant juste avec ses yeux – il ne souriait jamais autrement – qui s'allumaient d'un feu particulier chaque fois qu'il la regardait : Pitoune, son adorée, sa fille préférée…

Et il lui disait :

— N'oublie jamais que je t'aime, ma Pitoune, que je t'aimerai toujours… même quand je ne serai plus là pour te le dire.

Alors il la prit par la main, et l'entraina vers la maison, gravissant d'un pas de plus en plus lent, de plus en plus pénible, les marches du balcon. Quand il parvint enfin dans la cuisine, pièce arrière de la plupart des maisons de l'époque, il avait curieusement vieilli de quarante ans : maintenant, il en avait soixante-quatorze, et il était courbé et fatigué, son large front complètement dégarni. Dans la cuisine l'attendait ma grand-mère maternelle, qui s'appelait elle aussi Florence, comme ma mère, mais qu'il appelait Florée. Et il lui disait : « Maintenant tu peux appeler le curé, Florée… »

Depuis plusieurs jours, il était gravement malade. Il avait souffert toute sa vie d'insuffisance coronarienne, mais depuis quelques mois son état s'était détérioré et son cœur ne battait qu'à trente-deux pulsations minute, ce qui ne laissait pas de confondre son médecin, qui lui avait avoué, médusé : « Il n'y a pas beaucoup d'hommes qui marchent dans la rue avec un cœur qui bat à cette vitesse ! »

Depuis quelques semaines, sa fidèle Florée lui demandait : « Veux-tu que je fasse venir le curé ? » C'était bien entendu pour les derniers sacrements.

Chaque fois, il répondait : « Je vais te le dire quand ça va être le temps. »

Et ce matin-là, dans la vision de ma mère, parfaitement fidèle à la réalité si ce n'est qu'elle ne se trouvait pas à ses côtés le jour de sa mort, il lui avait enfin demandé, aussi calme que les autres jours, de convoquer le prêtre.

À la vieille horloge de la cuisine, il était huit heures.

Mon grand-père Georges, que ma grand-mère appelait Georgie, avait retiré ses noires lunettes rondes, qui lui donnaient un air un peu sévère, et il s'était assis dans sa chaise berçante où il passait le plus clair de son temps, fumant l'une ou l'autre de ses innombrables pipes dont la collection m'impressionnait dans mon enfance. À onze heures trente, après la visite du curé de la paroisse, et ayant reçu l'extrême-onction, s'étant une dernière fois confessé, mon grand-père rendait paisiblement l'âme.

Petite mère, elle, n'était pas prête.

Mourir à cinquante ans, avec quatre enfants, élevés, certes, mais encore au début de leur vie, c'était impensable.

Mais alors pourquoi diable avait-elle cette vision bizarre de son père qui s'éteignait comme il avait vécu, dans le calme de ceux qui ont eu la vie qu'ils ont voulue ?

Prise de panique, elle estima son pouls. Il lui sembla que son cœur battait au ralenti, comme celui de son père, D'ailleurs, il était presque imperceptible : elle faisait une chute de pression, c'était sûr, comme elle en avait fait si souvent depuis son enfance, ce qui la conduisait presque infailliblement à des évanouissements, du reste sans conséquence.

Mais elle n'avait plus vingt ans.

Tous ses raisonnements, cette vision de la mort de son père l'avaient encore affaiblie. Si elle avait pu se voir dans la grande glace murale du vestibule, elle se serait aperçue que son visage avait une pâleur cadavérique, une inquiétante verdeur même, et tout de suite elle aurait appelé à l'aide, composé le 911. Au lieu de cela, un peu mystérieusement, elle se leva et, d'un pas lent et mesuré, comme si elle voulait ménager le peu de forces qu'il lui restait pour être certaine de pouvoir accomplir la tâche qu'elle venait silencieusement de s'assigner, elle marcha vers la chambre d'Albertine. Comme la pièce se trouvait à l'étage, il lui faudrait gravir les sept marches de l'escalier, ce qui risquait d'éprouver encore plus son cœur.

Mais elle voulait revoir ce qu'elle avait mis dans la boîte qu'elle avait oublié de remettre à sa fille adorée, la boîte qui contenait tous ses souvenirs d'enfance, ses petits vêtements de bébé, ses petits souliers, ses poupées préférées…

Comme si sa vie en dépendait.

Comme si c'était le seul souvenir qu'elle voulait emporter avec elle dans la mort si proche.

Il devait y avoir une bonne

dizaine de minutes que je roulais dans la vieille Galaxie 500 turquoise, ma première voiture, lorsque je voulus vérifier, dans la poche de ma veste de suède brun où je croyais l'avoir glissée, l'adresse exacte de mademoiselle Vauqueer. Introuvable. Je fouillai sans succès toutes mes poches. Rien. Je me frappai le front : j'avais stupidement oublié d'arracher la page du bloc-notes sur laquelle j'avais griffonné l'adresse.

Je consultai ma montre : déjà deux heures quinze. Il fallait tout de suite passer un nouveau coup de fil à mademoiselle Vauqueer. Mais je ne pus davantage retrouver son numéro de téléphone, que j'avais dû laisser chez mes parents. Et mademoiselle Vauqueer qui quitterait sans faute, à trois heures !

Si j'arrivais en retard, je ne pourrais mettre la main sur mes épreuves, mes premières épreuves que je brûlais tant de voir et que mon éditeur attendait impatiemment avec mes corrections… d'auteur !

Je m'arrêtai à la première boîte téléphonique, consultai fébrilement l'annuaire mais ne trouvai pas le nom de la correctrice. Je pestai : je n'avais d'autre choix que de rebrousser chemin.

À la maison de la rue Joubert, si du moins on empruntait la porte principale, une fois traversé le vestibule, on pénétrait dans un petit hall d'où l'on pouvait, à droite, accéder au salon et à la salle à manger, et, à gauche, à l'escalier qui menait aux chambres à coucher. Si nous marchions droit devant, nous parvenions en trois pas à la cuisine.

Lorsque j'entrai, la maison était silencieuse, et je m'en étonnai un peu car je connaissais les habitudes de maman, sa haine de la solitude, qu'elle combattait avec la musique, la télé.

Silencieuse, la maison ne l'était pas vraiment, du moins n'allais-je pas tarder à m'en rendre compte, car j'entendis bientôt des sanglots, qui provenaient de la chambre d'Albertine dont la porte, visible du bas de l'escalier, était restée ouverte : maman pleurait.

J'aurais dû monter en courant la consoler, en tout cas m'informer de la raison de ses pleurs, mais je risquais déjà d'arriver en retard et, après une hésitation, j'allai récupérer l'adresse de mademoiselle Vauqueer et quittai la maison sur la pointe des pieds, comme un voleur.

Lorsque j'entrai dans la voiture, Véronique, qui fourrageait dans son sac à main à la recherche de je ne sais quoi, me demanda :

— Qu'est-ce que tu as ? Tu as l'air drôle.

— Moi ? Je n'ai rien, niai-je lâchement, comme saint Pierre après avoir trahi Jésus.

Elle n'insista pas.

— Tu as l'adresse ?

— Oui…

J'avais démarré et roulais sur le boulevard Lévesque depuis deux ou trois minutes à peine lorsque Véronique me fit remarquer avec insistance :

— Tu as vraiment l'air drôle, Marc. Peux-tu me dire ce que tu as ?

— C'est… maman.

— Ta mère ?

— Oui. Lorsque je suis entré dans la maison tout à l'heure, elle… elle pleurait.

— Elle pleurait ? Mais pourquoi ?

— Je ne sais pas, je n'ai pas…

— Comment ? Ta mère pleurait et tu ne t'es même pas donné la peine de lui demander pourquoi ?

— Nous sommes pressés, Véronique…

Elle était plus jeune que moi, mais elle était aussi plus sage.

— Mais Marc, je ne te comprends pas. C'est peut-être grave. Il faut que nous retournions…

Après une hésitation, je finis par céder et rebroussai chemin.

Lorsque j'entrai dans la maison, le silence des pièces m'inquiéta. Je montai l'escalier à toute vitesse et trouvai ma mère dans la chambre d'Albertine, étendue au sol, juste à côté de la fameuse boîte de souvenirs qu'elle avait oublié de remettre à Albertine. Immobile, elle était inconsciente, peut-être morte, à en juger par la pâleur extrême de son visage.

Sur un des deux petits lits de la chambre qu'Albertine avait toute sa vie partagée avec Cécile, ma mère avait curieusement disposé les quatre poupées préférées de sa benjamine, comme cette dernière les plaçait tout le temps pour les faire «dormir» : le visage enfoui dans l'oreiller. La mise en scène, même familière, avait quelque chose de morbide dans les circonstances : les quatre poupées d'Albertine nous tournaient le dos comme nous avions tourné le dos à petite mère pour faire notre vie !

Je m'agenouillai auprès de ma mère, en même temps que je criais à Véronique :

— Appelle le 911 tout de suite !

Je me penchai au-dessus de ma mère, pris son poignet pour évaluer son pouls. Rien.

Maman était-elle déjà…

Je plaçai l'oreille au-dessus de sa bouche, et je perçus, soulagé, un faible souffle.

Maman respirait encore !

Mais combien de temps survivrait-elle ?

Et comment se faisait-il que je ne pouvais sentir son cœur ?

Je repris son poignet, me concentrai et, enfin, je perçus des pulsations, mais si lentes, mais si faibles…

Je me relevai, allai en toute hâte humecter une débarbouillette que je m'empressai de poser sur le front de maman tout en l'appelant :

— Petite mère, réveille-toi !

Abandonnant la débarbouillette sur son front, je pris sa main, son bras que je secouai. Mais rien : ses paupières restaient fermées sur ses beaux yeux bleus que j'avais toujours aimés et qui peut-être ne se rouvriraient jamais plus… Et je me répétais, impuissant, que je n'aurais pas dû la laisser pleurer seule : si, quelques minutes plus tôt, j'étais monté à la chambre, j'aurais peut-être pu faire quelque chose avant qu'elle ne perde conscience, j'aurais appelé du secours, gagné de précieuses minutes.

Tout était de ma faute ! Je m'étais éclipsé comme un lâche, pour mes misérables épreuves de roman, alors que petite mère pleurait toutes les larmes de son corps, comme elle disait si souvent. Je m'étais défilé au lieu de faire ce que tout fils normal, ce que tout fils reconnaissant aurait fait : courir la réconforter comme elle l'avait fait tant de fois pour moi, faisant toujours passer mon bonheur avant le sien !

Non, je n'avais même pas eu une minute pour ma mère, une minute qui aurait pu faire toute la différence du monde, et maintenant je risquais de la perdre pour l'éternité !

Petite mère, cette femme qui se prénommait Florence…

Florence…

Comme sa mère…

Que mon grand-père n'appelait jamais que Florée…

Comme mon père n'appelait ma mère que Flo, sauf dans de rares moments d'impatience : alors c'était Florence !

Flo de mon père…

Lumière de sa vie, mère de ses enfants…

Flo si radieuse, en ce lointain jour d'été, à la pension Lévesque, rendez-vous de leur destin. Flo jaillissant de cette rutilante Studebaker comme une perle de son écrin, comme Vénus des eaux, avec ses tennis immaculés, sa jupette blanche et son polo…

Flo qui avait souri lorsque mon père lui avait parlé de mariage au bout d'une semaine seulement, qui avait souri mais n'avait pas dit non parce qu'elle avait vu dans le sourire conquérant de ce jeune homme maigre, dans son front idéaliste, le même rêve que le sien…

Nous lui avions donné son congé, parce qu'elle avait senti que nous n'avions plus besoin d'elle.

Alors, à quoi bon rester, si c'est seulement pour faire semblant de vivre ?

Ne vaut-il pas mieux partir que se faire piétiner le cœur ?

Trop de soucis, trop de peines, trop de larmes : elle avait comme sa mère le génie du chagrin. Un rien la froissait : c'est le sort de ceux qui ont le cœur plus grand que l'univers. En comparaison, le supplice chinois de la goutte, c'est une aubaine.

Petite mère n'avait eu qu'à placer sur le petit lit inutile les quatre poupées préférées d'Albertine, et à les regarder, cinq minutes, dix minutes : la tristesse avait fait le reste.

Quelques minutes plus tard, torturé par l'angoisse, par la culpabilité, je suivis l'ambulance qui emportait notre mère, avec qui j'avais peut-être parlé pour la dernière fois une heure plus tôt, ne trouvant pas mieux

à lui dire que les banalités habituelles, que j'étais pressé, que j'avais du travail : j'avais le génie des prétextes comme elle celui du chagrin !

Je ne lui avais même pas dit que je l'aimais.

Il y avait une bonne demi-

heure que je veillais petite mère à l'urgence de l'hôpital, une salle commune assez vaste qui devait contenir une dizaine de lits. L'intimité du patient et de ses visiteurs était assurée seulement par un rideau coulissant sur une rampe circulaire fixée au plafond.

Maman n'avait pas encore repris conscience. Son beau visage était en partie voilé par un masque d'oxygène. Une aiguille de soluté avait été fichée dans son bras droit, et elle avait été, dès son admisssion, branchée à un moniteur cardiaque. Il indiquait que son cœur battait maintenant à cinquante-cinq pulsations minute. Un progrès, il me semblait, mais n'était-ce pas encore d'une lenteur inquiétante ? Je ne pouvais m'empêcher de faire le raisonnement suivant : si l'état de son cœur s'était amélioré mais que, malgré tout, elle restait inconsciente, n'était-ce pas qu'elle était… dans le coma ?

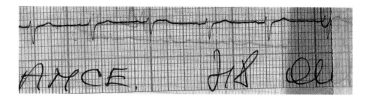

Lorsqu'on ne fait que s'évanouir, on finit par reprendre rapidement conscience, non ?

Je n'osais pas, de crainte de les affoler encore plus, confier mon raisonnement à mes sœurs, arrivées à peine quelques minutes après moi. Raymonde avait été la première à accourir, sans son mari qui, aussitôt après l'avoir déposée à la maison, était parti visiter sa propre famille. Lorsqu'elle avait aperçu ma mère, tous les fils et les appareils, elle avait ouvert de grands yeux effarés et crié :

— Maman !

Et comme bien entendu petite mère ne pouvait lui répondre, c'est vers moi et Véronique qu'elle s'était tournée :

— Qu'est-ce qu'elle a ?

Et je lui avais expliqué comment j'avais trouvé notre mère allongée dans la chambre d'Albertine, inconsciente.

Regard inquiet de Raymonde vers le moniteur cardiaque, où on pouvait lire le chiffre cinquante-cinq.

— Mais le médecin, lui, qu'est-ce qu'il dit ?

— Chute de pression. De l'arythmie aussi. Peut-être un choc vagal.

— Il n'a rien dit d'autre ?

— Non, il l'a examinée et il est parti. Il avait une autre urgence.

— Comment ? se scandalisa ma sœur, furieuse.

Elle écarta le rideau, sortit en coup de vent, et je l'entendis avoir avec une infirmière la même discussion que j'avais eue plus tôt et qui ne fit pas apparaître le médecin : dans toute urgence bien tenue, il fallait passer en premier les cas les plus… urgents ! Une politique pleine de bon sens, et parfaitement justifiée, mais lorsque c'est votre mère qui est allongée inconsciente devant vous, la logique administrative…

Ma sœur Raymonde, par déformation professionnelle, ne put s'empêcher de proférer : «En tout cas, s'il arrive quelque chose à ma mère, je vais poursuivre votre foutu hôpital, vous m'entendez ?»

L'infirmière, débordée, déjà lui avait tourné les talons pour courir vers une autre urgence, sans même daigner répondre à ses menaces. Ma sœur revint vers nous et, comme pour elle-même, elle répétait : «S'il arrive quelque chose à maman, ils vont entendre parler de moi !»

Puis, comme vaincue, comprenant que sa colère ne changerait rien, les yeux mouillés, elle retourna auprès de notre mère, reprit sa main, la supplia inutilement :

— Petite Pépine, allez, réveille-toi ! Sois gentille, réveille-toi ! On est ici à côté de toi. Ouvre les yeux… Qu'est-ce que tu fais ? Qu'est-ce que tu attends ?

On dit que ceux qui sont dans le coma peuvent nous entendre, même s'ils sont incapables d'ouvrir les yeux et de parler. Alors Raymonde ajouta :

— Si tu m'entends, petite Pépine, serre ma main…

La main de maman demeura inerte. Si elle bougea, c'était seulement parce qu'elle était enveloppée par la main de Raymonde, qui tremblait d'angoisse devant l'immobilité obstinée de petite mère. Moi, je ne disais rien, je me contentais de plisser les lèvres, tentant de contenir mon inquiétude, aidé par Véronique qui se pressait tendrement contre moi.

— On n'aurait pas dû partir si vite, laissa tomber Raymonde, dont les remords faisaient écho aux miens. Maman n'était pas bien, au repas, ça paraissait. Elle était pâle comme une…

Lorsque Cécile arriva, elle s'empressa de demander :

— Qu'est-ce qu'elle a eu ?

— Probablement un malaise cardiaque, mais on n'est pas sûrs, expliqua succinctement Raymonde.

En voyant tous les appareils qui entouraient maman, le respirateur sur sa bouche, la pâleur inquiétante de son teint, Cécile vit bien que la situation était sinon grave, du moins sérieuse et elle fondit en larmes. C'était la première fois que je la voyais pleurer : et moi qui avais toujours cru qu'elle avait une pierre à la place du cœur !

J'étais étonné mais surtout encore plus inquiet qu'avant son arrivée : des larmes si rares ne pouvaient être justifiées que par un drame encore plus considérable que je n'avais cru. Maman ne survivrait pas, et Cécile l'avait senti dès qu'elle avait écarté le rideau de la chambre.

Elle se précipita auprès de maman, et Raymonde lui céda sa place. Cécile tira alors d'un joli sac de papier doré un cadeau : c'était la bouteille de parfum qu'elle avait oublié d'apporter à maman, comme si, dans l'immense culpabilité qui la rongeait, elle s'était dit : « Mieux vaut tard que jamais. »

— Tiens, ma poulette, c'est pour toi. Je te l'ai apporté…

Et comme ma mère ne pouvait évidemment pas le déballer, ma sœur Cécile, un peu comme une folle (elle était tout simplement folle d'inquiétude), le fit pour elle. Et comme si ce n'était pas suffisant, elle décapuchonna le flacon de parfum et en vaporisa légèrement le cou de maman.

On aurait dit qu'elle espérait que ce léger nuage à la fragrance de rose la réveillerait magiquement comme le baiser du prince dans *La Belle au bois dormant* !

La Belle au bois dormant, héroïne de notre enfance, comme tant de personnages fabuleux dont maman nous avait fait découvrir l'existence en nous racontant patiemment, tous les soirs, une histoire nouvelle, sans laquelle nous ne pouvions nous endormir. Mais maman, c'était notre ingratitude qui l'avait endormie, et maintenant, elle ne se réveillerait peut-être jamais plus : nous n'étions pas dans un conte de Perrault, mais dans la vraie vie, devant la vraie mort.

Pendant un moment, Cécile, qui ne cessait de me surprendre, regarda maman sans rien dire, se contentant de lui flatter la main comme on flatte un petit animal. Honteux, comme si je me sentais responsable de tout ce qui arrivait, j'avais baissé la tête, et je ne voyais plus que la longue main d'artiste de Cécile sur la main de petite mère, cette main usée un peu prématurément par tant de « torchage », par tant de lavages : de couches, de planchers, de visages d'enfant, de vaisselle…

Oui, sur la main flétrie un peu prématurément de maman, qui contrairement à son visage trahissait ses cinquante ans, sur cette main qui ne s'était jamais refusée à la mienne lorsque j'étais enfant, bientôt je vis des larmes tomber : ma sœur ne pouvait à nouveau retenir ses pleurs.

Ce fut ce moment pathétique que choisit Albertine pour faire son apparition dans la chambre qu'elle avait eu de la difficulté à trouver dans cette urgence, véritable hôpital de guerre.

– Oh ! maman, qu'est-ce qui t'est arrivé ? demanda-t-elle consternée, car elle ne s'était pas tout de suite rendu compte que maman était inconsciente.

Elle s'approcha, vit bien que les paupières de petite mère restaient fermées, et demanda, inquiète :

– Elle dort ?

– Non, dis-je, elle… Enfin on ne sait pas, elle ne s'est pas encore réveillée.

– Si elle ne s'est pas réveillée, c'est qu'elle dort, raisonna Albertine, pendant que Cécile, comme une véritable somnambule, continuait de flatter la main endormie de maman.

– Non, intervint Raymonde, on croit qu'elle serait plutôt dans…

– Dans quoi ? demanda avec irritation Albertine.

– Dans le coma, admit Raymonde qui avait fait le même raisonnement que moi.

Incrédule, Albertine se tourna vers moi pour voir si je corroborais ce diagnostic étonnant : je me contentai d'incliner tristement la tête.

– Oh ! non, maman, non ! Tu ne peux pas nous faire ça ! dit-elle en s'approchant à son tour de maman, du même côté du lit que Cécile car l'autre était occupé, entre autres, par le trépied à soluté et le moniteur cardiaque.

Et en voyant maman de près, sa pâleur, son immobilité terrifiante, elle se joignit à ce véritable bal des larmes, et se mit à gémir :

– C'est ma faute ! C'est ma faute ! Je n'aurais pas dû partir de la maison. C'est ça qui a fait de la peine à maman, c'est ça qui l'a rendue malade !

– Mais non, ne dis pas ça Albertine…

Alors papa arriva, l'air grave. Il était le dernier que nous avions pu joindre. Son arrivée fut pour ainsi dire magique ou en tout cas bénéfique.

Car alors contre toute attente, maman, comme si elle avait senti la présence de papa, ouvrit les yeux, et parut s'étonner que sa bouche fût couverte d'un masque d'oxygène, qu'elle s'empressa de retirer.

Alors ce fut une explosion de joie dans la chambre.

Mes sœurs, bien vite imitées par Véronique, se mirent toutes à pleurer de plus belle et se précipitèrent vers maman pour l'embrasser.

– Oh ! maman, si tu savais comme tu nous as fait peur !

– Petite Pépine ! Comment te sens-tu ?

– Il faut que tu promettes de ne plus jamais nous faire une frousse pareille, petite poule !

Mais notre enthousiasme n'allait pas durer.

Petite mère avait beau être enfin revenue à elle, elle ne paraissait pas nous reconnaître, en tout cas ne semblait éprouver aucune joie à nous retrouver. Elle ne souriait pas, ne disait rien. Son malaise avait-il affecté son cerveau, sa mémoire ? Cette pensée nous traversa tous l'esprit.

Long silence : nous n'osions rien dire. Nous nous contentions d'échanger des regards consternés.

Petite mère, elle, se contentait de nous examiner comme si nous étions des fous, ou plutôt de parfaits étrangers qui avaient interrompu la tranquillité de son sommeil.

Elle regarda le rideau de sa chambre, son lit fort étroit, puis les fils à son bras.

Elle se mit ensuite à nous regarder et je notai tout de suite qu'elle revenait à elle car il y avait cette lumière dans ses yeux, cette lumière qui brillait dès qu'elle nous regardait, comme si sans rien dire, sans rien faire, elle nous ouvrait à nouveau les bras, elle nous reconnaissait, nous, ses enfants, peut-être ingrats, je n'en disconvenais pas, mais ses enfants tout de même.

Pourtant un doute subsistait en nous, une crainte, malgré la lumière dans ses yeux, malgré le sourire qui commençait à fleurir sur ses lèvres : avait-elle recouvré toutes ses facultés ?

Quelques secondes silencieuses s'écoulèrent encore, et je crois que nous nous disions tous que la vie nous avait fait une frousse terrible, que nous l'avions échappé belle, en somme, mais qu'il était temps que le suspense prenne fin lorsque maman ouvrit enfin la bouche pour dire :

— Albertine, tu as oublié tes poupées à la maison. Je vais te les apporter demain pour la petite Arlette.

Peut-être pour
leurs rondeurs
amicales ?

Une recette à faire damner les saints

Personne ne sait mieux que maman comment on fabrique la tire Sainte-Catherine. Religieusement, le 25 novembre de chaque année, nous fêtions l'anniversaire de la martyre qui avait vaillamment combattu les philosophes païens. Mais, nous avions tôt fait d'oublier le triste sort de la vierge pour nous adonner dans la plus grande allégresse au supplice d'étirement puis de torsion de la pâte sous l'œil averti de maman. Ce n'est qu'après ce long pétrissage de forcenés que nous redécouvrions, ébahis, les jolies tresses dorées de notre catherinette. « Maman, dis-moi, où as-tu mis ta divine recette ? »

HÉLÈNE POISSANT

Deux ou trois choses que je sais de ma mère

Louise Poissant

À mon père qui a eu l'idée de ce merveilleux projet.
À François, Charles, Clara et Louis qui m'ont donné le privilège d'être mère.

Je suis l'aînée de ma famille. J'ai eu le privilège de connaître ma mère onze mois avant mon frère et quelques années avant mes sœurs. Il y a donc «deux ou trois choses que je sais d'elle », comme le dit si bien un titre de Godard, des choses que les autres ignorent. J'ai eu aussi l'avantage de l'avoir pour moi toute seule. Pas très longtemps, juste ce qu'il fallait pour créer un lien, un lien si fort que même la venue des autres ne pouvait le délier. Au contraire, mon frère et mes sœurs allaient me donner l'occasion de faire mes premiers essais en tant que pâle copie de celle à laquelle je voulais tant ressembler, de celle à qui je ressemblais au point de vouloir m'en distinguer.

Je sais bien que chacun de nous quatre a eu sa mère, unique. Qu'en disant «maman» nous nommions quelque chose d'exclusif, qui n'existait qu'entre elle et son enfant. Après tout, il y a des choses qui ne se partagent pas. Nous avons été aimés et pétris par cette femme qui savait être si différente pour que chacun de nous ait sa maman. On dit que l'amour maternel ne se divise pas, qu'il se multiplie avec les enfants. Je l'ai su bien avant d'être mère. Et même quand on a l'impression qu'il n'y a plus de place, que c'est complet, la mère, et le père aussi, développent en eux une nouvelle maman et un nouveau papa. Je l'ai vécu trois fois en tant que sœur. Ma mère et mon père avaient la faculté de se multiplier.

À cette faculté, il faut encore ajouter une autre dimension. C'est une réflexion de l'une de mes sœurs, Hélène, qui m'en a fait prendre conscience il y a quelques années. J'étais avec elle en auto, et elle m'a dit qu'elle était comme mon père : le soir, après sa journée à l'université, elle fermait sa porte de bureau, elle avait fini de travailler. Sa phrase m'a vraiment secouée car j'aurais pu dire exactement le contraire : comme mon père, je rapporte toujours du travail à la maison. C'est là que j'ai réalisé que nous avions chacun un père et une mère. Il se trouve qu'accessoirement, il s'agit du même homme, de la même femme.

Ici, je voudrais dire qui était ma mère à moi.

Femme paysage ou femme bibelot

Il y a deux types de femmes, dit Michel Tournier dans *Le Roi des aulnes* : la femme bibelot dont on aime faire le tour et la femme paysage dans laquelle on pénètre. Ma mère a été l'une et l'autre. Soucieuse de son apparence, élégante et séduisante par penchant, mais mère aimante et sensible par vocation.

C'était important pour moi que ma mère soit belle, comme pour bien des petites filles, je présume. Et j'étais particulièrement chanceuse : en plus d'être jolie, ma mère avait l'air jeune à une époque où faire jeune devenait une valeur. Je me souviens d'une photo de ma grand-mère avec mon père âgé de trois ou quatre ans sur ses genoux et déjà, elle avait l'air d'une femme sans âge. Quel âge pouvait-elle avoir ? Trente-cinq, trente-six ans tout au plus. L'âge fatidique, comme aurait dit Balzac de

la femme de trente ans, âge auquel Greta Garbo, Brigitte Bardot et bien d'autres se sont retirées de la vie publique.

Quand ma mère a commencé à mettre du *eye-liner*, à se colorer les cheveux ou à porter des postiches pour rehausser une coiffure du soir, je pense qu'elle a eu quelques hésitations. Elle m'a souvent répété que plus jeunes, elle et ses deux sœurs, étaient trois jolies filles, sans artifices. Des beautés naturelles. Le maquillage et les perruques, c'était pour les actrices ou pour celles dont le physique était capital. Ma mère alors se poudrait un peu le nez et se mettait du rouge à lèvres. Une femme mariée n'en faisait pas plus.

Et puis, en quelques années à peine, on s'est mis à parler de visagisme, cette nouvelle science qui allait chercher la particularité d'un visage pour le mettre en valeur. Les dernières défenses de ma mère sont tombées. Il ne s'agissait plus de camoufler ou de corriger un défaut en le maquillant, mais de faire ressortir ses beaux yeux ou l'éclat de son sourire.

Moi, j'étais fascinée. Ces quelques petits pots magiques semblaient contenir l'essence de la féminité. Mais ils m'étaient interdits. Ma mère les considérait comme une grande dépense, ce qui les rendait encore plus précieux, et inaccessibles pour moi. Mon père, contrairement à bien des maris conservateurs, ne s'est pas du tout montré hostile. Il était plutôt fier d'être accompagné d'une femme qui attirait les regards. Il aimait aussi, je pense, qu'elle soit différente pour lui. Comment dire ?

Ma mère n'était pas plus jolie maquillée, mais elle dégageait autre chose. Elle était différente. Alors plus que jamais elle était ma mère, parce que c'était la plus belle. Mais on aurait dit qu'elle devenait aussi quelqu'un d'autre. Une femme pour les autres.

Ma mère ne prenait pas cela trop au sérieux. Elle n'était pas de celles qui passaient du blond au roux et au noir au cours du mois comme on en voyait. Elle ne « s'arrangeait » pas tous les jours non plus. Il faut entendre ici qu'elle ne se maquillait pas tout le temps, comme l'une de leurs connaissances qui ne quittait ses faux cils que lorsque son mari était endormi. Elle n'avait cependant pas l'air négligé de certaines femmes qui pouvaient passer toute la journée en peignoir ou en robe d'intérieur, qui « se laissaient aller », comme disait une chanson de Charles Aznavour populaire à l'époque. Mais pour sortir le soir et le dimanche, et graduellement même pour rester seule à la maison, les soins de beauté sont entrés dans sa routine.

Les circonstances exceptionnelles, les bals qui étaient très fréquents quand j'étais petite, nécessitaient des préparatifs qui pouvaient durer plusieurs semaines. Pas à plein temps. Ma mère ne cessait pas d'être mère. Mais le magasinage de la robe, les retouches chez la couturière, le choix des accessoires devenaient le thème de la semaine. Tout était réglé en fonction de la saison, de la circonstance, de l'heure, des invités, de ce qu'elle avait porté la fois précédente. Elle nous en parlait, avant et après, ainsi que des autres tenues, des plats, de la mu-

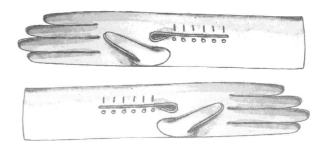

sique, des rencontres. Ma mère bibelot semblait susciter beaucoup d'admiration, ce qui me faisait rêver. Ce n'était plus les princesses, désormais confinées aux contes de fées des petites filles, mais les actrices qui faisaient rêver, ces modèles de plus en plus inspirants dans les années soixante, avec toutes les photos de *Paris Match* et de *Jour de France* qu'on se passait entre adolescentes.

Je ne sais pas si ma mère se souvient d'un collier que je lui avais acheté pour relever l'une de ses tenues de bal. Sa robe beige clair était en organdi. Tout le bas était fait de plis légèrement superposés. La soirée avait lieu quelques jours avant sa fête. J'avais donc décidé de faire un accroc et de lui offrir, avant la date, un magnifique collier que j'avais repéré dans la vitrine d'une pharmacie. Deux rangs en dégradé de perles beige et marron avec sans doute un peu de dorure. La dépense montait à un peu plus d'un dollar, mais le pharmacien me l'avait laissé à un dollar parce que je n'avais pas prévu la taxe. Chère maman. Obligée de faire semblant qu'elle était ravie. Elle l'était peut-être du reste, parce qu'elle ne cessait jamais d'être mère.

Ma mère paysage, c'était celle dans laquelle on pouvait pénétrer à toute heure pour demander n'importe quoi. Celle qui savait éclairer et réchauffer, celle qui savait aussi laisser des zones d'ombre où je pouvais rêver et croire que je trouverais seule mon soleil. Ma mère paysage, c'était notre horizon et nos racines, notre aire de jeu et notre refuge. Je me souviens vers sept ou huit ans d'être entrée à la maison après l'école, et d'avoir trouvé la maison vide. Ma mère s'était cachée pour nous jouer un tour. Elle adore jouer des tours. Nous la cherchions mon frère et moi, convaincus qu'elle était là, qu'elle ne pouvait pas nous avoir abandonnés. Elle était dans le sous-sol, dissimulée derrière un mur. Je ne sais pas combien de temps notre recherche a duré. Cinq minutes, trois minutes… une éternité. Elle avait ouvert une brèche, l'espace d'un doute ou d'une angoisse, la peur de la perdre. Quand nous étions petits, tout gravitait autour d'elle, et c'était finalement assez normal puisque nous étions son univers et sa principale occupation. Enfin, c'est l'impression qu'elle donnait.

Ma mère m'est longtemps apparue comme étant notre propriété. Elle et tout ce qui lui appartenait était de droit et de fait à nous. On pouvait fouiller dans ses tiroirs, prendre ses choses, rentrer dans sa chambre à peu près n'importe quand. Il n'y avait pas de domaines réservés, de zones interdites, ou si peu. Ce n'est que vers trente ans, en fouinant à son insu dans l'un de ses tiroirs de commode dans l'espoir d'y trouver un nouveau pull ou je ne sais quoi, que j'ai réalisé que j'étais en train de fouiller dans les affaires d'une autre femme, ce que je ne me serais jamais autorisée de faire chez une amie. Il s'agissait de ma mère, certes, mais elle était aussi une femme.

Cette découverte et ce sentiment d'être sur le territoire d'une autre m'ont permis de la considérer autrement. Mais je dois dire qu'elle, elle n'a pas changé. Il est toujours possible de tomber dans ses affaires sans trop de retenue. Je parle de ses vêtements, de ses bijoux, de ses sacs, de son maquillage, enfin, de tout ce qui habille la féminité et qu'elle partage si volontiers avec ses filles. Il faut dire qu'elle a des vêtements qui nous vont si bien. Est-ce par hasard ? Peut-être y a-t-il dans son œil d'acheteuse, les regards combinés de chacune de nous.

Les femmes à hommes Les femmes à enfants

Un autre découpage, plus banal, consiste à partager les femmes en deux catégories : les femmes à hommes et les femmes maternelles. Ce découpage est réducteur, ils le sont tous, mais il permet de faire ressortir une autre facette de ma mère qui se range assez clairement dans la seconde catégorie, enfin, depuis qu'elle a des enfants. En fait, ma mère n'apprécie pas particulièrement la compagnie des enfants. Elle n'était pas portée vers les petits des autres avant d'en avoir elle-même. Cela n'a guère changé. Elle remarque un enfant s'il est relié, de près autant que possible, à l'un des nôtres. Sinon, elle reste indifférente. Tout son dévolu maternel s'est concentré sur nous.

Le dossier hommes est plus complexe. Ma mère est sensible à l'effet qu'elle produit sur les hommes. On dit que les hommes aiment les femmes qui aiment les hommes. Le cas de ma mère est une exception à cette règle. Ou peut-être éprouve-t-elle une attirance pour les hommes qu'eux seuls savent reconnaître, une espèce de fluide ou d'onde qu'on appelle aussi le charme. Je n'ai guère observé d'attitude complaisante ou séductrice chez ma mère envers les hommes. Quelque chose qui m'échappe doit pourtant passer puisque, manifestement, elle a attiré les hommes toute sa vie. Elle aime plaire et finalement donne sans doute l'impression, bien qu'elle ne soit pas du type femme à hommes, qu'elle pourrait se laisser séduire.

Mais je reste sur l'impression, est-ce présomptueux de ma part, que ma mère penchait très nettement pour nous. Je sais qu'elle a souvent trouvé difficile d'accompagner mon père dans des voyages qui se prolongeaient plus d'une semaine. Elle pleurait parfois, rien qu'à la perspective d'avoir à nous quitter, et elle m'a déjà dit qu'au bout de quinze ou vingt jours, son émotion se transmettait à mon père : il comptait les jours dans son dos en l'étreignant. C'était rassurant de penser que notre mère ne nous avait pas du tout abandonnés, même quand elle était au loin.

Avant de partir, elle nous préparait nos plats préférés qu'elle congelait : bœuf bourguignon, lasagne, poulet chasseur, minestrone, fèves au lard, gâteau aux carottes. Comment ne pas penser à elle ? Elle y était presque. Les odeurs et les saveurs étaient les mêmes. Elle nous laissait des petits messages un peu partout, mi-consignes, mi-mots tendres. Malgré la distance, elle veillait sur nous.

Et puis, ma mère nous rapportait toujours plein de cadeaux, alors je garde un chouette souvenir de ces voyages. Elle savait doser ses attentions pour que nous puissions conserver une certaine insouciance. En fait ma mère a toujours été assez soucieuse pour que nous n'ayons pas à développer de peurs. Certains diront que nous ne sommes pas très aventureux, pas de voyage au Népal sur le pouce dans les années soixante-dix. Mais je ne sens ni anxiété ni peurs paniques chez aucun de nous quatre. Ma mère s'en chargeait. Même en cela, elle a toujours réagi en mère, veillant jalousement sur sa couvée par mille et une petites peurs qui devaient garantir notre sécurité. Mère paratonnerre qui a payé de sa personne, de ses inquiétudes et de ses nuits blanches, notre tranquillité.

Les prénoms
et leurs promesses

Choisir un prénom c'est comme jeter un sort. Ou plutôt, c'est une «promesse de l'aube» pour reprendre l'expression de Romain Gary. Il est vrai que chaque prénom transporte avec lui des images, un type physique, une personnalité et des souvenirs qui viennent teinter la relation naissante avec le petit être que l'on veut faire entrer dans l'univers des noms. Certains prénoms font vieux ou anciens, d'autres sont frais. Mes parents se prénomment Florence et Charles-Albert. Quand j'avais dix ans, cela sonnait ancien. Aujourd'hui, on peut facilement imaginer deux petites têtes bouclées de trois et quatre ans se retourner en entendant leurs prénoms.

Ma mère m'a souvent dit que mon père et elle avaient choisi nos prénoms avant notre naissance. Mais si j'ai bien compris, c'est elle qui les trouvait car ils sont tous reliés à une connaissance lointaine qu'elle estimait. À cette époque, il fallait trouver au moins deux prénoms, l'un de fille et l'autre de garçon, car on ne savait pas ce que la cigogne allait apporter. Je pense que ma mère n'aurait pas choisi le prénom d'un proche, elle l'aurait trouvé trop déterminé. Ce qui me fait dire cela, ce sont les objections qu'elle m'a faites quand j'ai suggéré pour mes enfants des prénoms portés par des amis ou des parents. Pour ma mère, ces prénoms avaient une

histoire trop lourde, encombrante. Elle préférait sans doute que les siens soient la référence.

Un accroc récent à ce principe a dû la toucher. La dernière arrivée chez les petits-enfants s'appelle Florence comme elle et comme sa mère que mon grand-père appelait Florée. Quand ma mère est née, ma grand-mère aurait voulu l'appeler France. Mon grand-père s'est objecté. C'était un nom de pays. Alors, on l'a appelée Florence! Flo. Et pour la petite-fille, c'est : La Flo ou Florie.

Louise, Hélène et Isabelle, nos trois prénoms faisaient très actuels, et très jeunes dans les années cinquante. Ils correspondaient au goût du jour, à un parti pris pour la gaieté, la douceur, la fraîcheur. Rien à voir avec la recherche d'originalité ou d'exotisme des années soixante-dix où il fallait se singulariser par son prénom. Adolescente, j'enviais d'ailleurs celles qui avaient un prénom plus rare ou plus recherché : Brigitte, Édith, ou certains prénoms vraiment «pâmants» — qualificatif qu'on collait sur tout ce qui nous plaisait –, comme Odile ou Nathalie. Prénoms qui sont devenus banals dans la génération suivante. Mes sœurs et moi, au contraire, nous devions utiliser notre patronyme pour nous distinguer des autres filles à l'école. Pendant plusieurs années, nous étions trois Louise P. dans ma classe. C'était moins vrai pour Marc-André, qui a sans doute été l'unique tout au cours de son cursus.

Ce qui me frappe, c'est combien les choses ont changé entre ma grand-mère et ma génération. Ma grand-mère paternelle qui a eu huit enfants se souciait apparemment bien peu du nom de ses enfants puisqu'elle confiait à la porteuse, au parrain et à la marraine le soin de choisir le prénom du bébé que l'on conduisait à l'église pour son baptême. Ma mère, comme la plupart des femmes de sa génération, choisissait deux ou trois noms qu'elle testait autour d'elle avant notre naissance.

Aujourd'hui, les gens achètent des livres sur la racine étymologique du prénom, les personnalités et les personnages de films ou de romans qui l'ont porté, les traits de caractère auxquels il est associé, sa courbe de popularité selon les époques et les pays. Sans compter toutes les considérations généalogiques, les combinaisons avec le ou les noms de famille, le jeu des consonances, les séries familiales commençant par telle lettre, les consultations auprès des uns et des autres, et que sais-je encore !

Le plus étonnant, c'est de constater que ces choix éclairés, guidés par tant de vecteurs d'information, conduisent finalement à des prénoms qui correspondent au goût du jour.

Monsieur et Madame Charles Albert Poissant

« *Dis bonjour à la dame…* »

Quand j'étais jeune, ma mère était entourée de « madames ». Toutes des femmes qu'elle nomme aujourd'hui par leur prénom : Camille, Louise, Raymonde, Denise qui, dans les années cinquante et soixante s'appelaient madame Untel, du nom de leur mari, cela va de soi. Ce qui me frappe, ce n'est pas tant le patronyme d'emprunt que le fait d'affirmer un statut. Même entre amies qui se connaissaient bien et qui pouvaient se parler quotidiennement, elles s'appelaient « Madame ». Cela me fait tout drôle de penser que je pourrais dire « Madame » à une voisine de mon âge. Un jour, leurs prénoms ont fait surface, avec la réhabilitation de leur nom, probablement, et le passage du « vous » au « tu ».

Ma mère s'est longtemps amusée à écrire nos noms sur n'importe quel bout de papier, en commençant par son propre nom, madame Charles-Albert Poissant, et en poursuivant l'énumération dans notre ordre de naissance Louise, Marc-André, Hélène, Isabelle. Ces gribouillis agrémentaient ses longs téléphones avec madame Unetelle ou avec l'une de ses sœurs et recouvraient des pages de l'annuaire. Sur certains livres ou cahiers datant d'avant son mariage, on pouvait aussi trouver des madame Pierre P. ou des madame Gérard L., reliquats de fréquentations d'anciens princes charmants. Ce qui pourrait laisser croire que l'ère des « madames » ne correspondait peut-être pas à une pure et simple contrainte sociale.

Il me semble aujourd'hui que la réhabilitation du nom de jeune fille, l'adoption du «tu» et du prénom dans les échanges, les régimes minceur et l'allure jeune vont ensemble : un besoin de légèreté et de simplicité permettant des échanges plus directs, peut-être pas plus authentiques mais moins formels. On oublie parfois la complexité des rituels qui accompagnaient autrefois presque chaque action.

Quand j'étais petite, les femmes devaient porter un chapeau à l'église. Les hommes, eux, devaient l'enlever, au contraire. Pour ma mère, ce n'était pas trop contraignant. Elle avait une tête à chapeau. Et je pense que certains dimanches, quand ses cheveux ne tombaient pas comme elle l'aurait souhaité, cette exigence devait l'arranger. Je me souviens d'un grand chapeau de paille rouge et d'un bibi tout en plumes noires avec une voilette qui couvrait son visage. Ma mère avait l'air divine. Quand les conventions se sont assouplies, elle a porté une mantille de dentelle noire ou blanche. Comme Jackie Kennedy. Cela faisait tellement moins ampoulé,

si naturel. Et pour moi qui avais neuf ou dix ans, ma mère avait encore l'air d'une jeune mariée sous sa dentelle.

Tout était régi par des règles très rigides. Je me souviens de problèmes bien concrets. Au moment de la communion, est-ce que je devais porter mes gants ? Ma mère m'avait judicieusement soulagée en me suggérant d'en porter un et de tenir l'autre à la main. Pour aller communier, on laissait le sac à main sur le banc. Dure convention pour moi parce que je savais que mes sœurs allaient en profiter pour fouiller dans mes affaires. Ces questions sont d'autant plus abstraites aujourd'hui que l'on a oublié combien on s'endimanchait. On se préparait la veille, on frottait les chaussures du dimanche et, simplement pour aller à l'église ou pour aller manger chez une grand-mère, on mettait une robe plus chic qu'il ne fallait surtout pas salir.

Contrairement à bien des gens qui s'ennuyaient le dimanche, pour moi, c'était un jour béni. C'était la seule journée où je pouvais faire ma grande et avoir l'air un peu comme ma mère. L'été, j'avais des souliers blancs ou de cuir verni noir, avec un petit talon à partir de huit ou neuf ans. Cela peut sembler futile, mais j'éprouvais une telle fierté à les entendre résonner dans la rue. Cela faisait si vieux. Rien de l'allure austère de nos chaussures lacées de la semaine. Et dans mon sac à main, j'avais tout le nécessaire des grandes : porte-monnaie, chapelet, bottin de téléphone, peigne, enfin, mes objets les plus personnels et les plus précieux.

Depuis bien des années, le week-end, on quitte la cravate et le tailleur pour le jean. On s'habille décontracté. Et on fait des choses qui ressemblent à du travail. Depuis qu'il n'y a plus de dimanche, j'ai parfois l'impression qu'il n'y a plus de coupure, plus de temps devant moi pour voir venir. En allongeant la semaine, on a peut-être rétréci le temps.

Pionnières ou prisonnières des banlieues

En 1955, mes parents avaient fait construire une maison dans un verger, tout près de la rivière des Prairies. Une maison ouverte sur trois étages, un *split-level* comme on disait, dans un nouveau développement à Duvernay, petite ville encore essentiellement agricole. En quelques années, nous avons eu une, puis deux écoles, une église, une épicerie, et moi j'ai eu des amies.

Nous avons déménagé alors que ma mère était partie accoucher de son troisième enfant, ma sœur Hélène, si bien qu'elle s'est retrouvée avec un nouveau bébé, dans une maison toute neuve sur un terrain en friche à aménager. Il n'y avait même pas encore de rues, simplement des routes de terre. Nous pouvions jouer dans les champs et nous approcher des multiples chantiers de construction de toutes ces maisons qui poussaient près de chez nous.

Ma mère passait une partie de l'été dehors. Elle jouait avec les fleurs, celles que l'on trouvait à l'époque. La dentelle blanche des alyssums parsemée de géraniums rouges, le pourpier et les zinnias. Plus tard, quand elle a eu plus de temps, elle a aménagé des mini-saisons dans diverses sections du terrain : il y avait la période des tulipes jaunes pendant bien des années, c'est la couleur préférée de mon père ; puis celle des iris, peut-être la plus impressionnante parce qu'il y en avait quelques milliers, hauts et vigoureux, violets et rouille ; celle des pavots, fragiles et incertains. Chez elle, tout poussait. Et le jardinage est devenu sa véritable passion quand nous avons quitté la maison.

Mon grand-père était fils d'agriculteur. Ma mère tient de lui cet amour de la terre, ce besoin d'en faire pousser quelque chose. Elle éprouve un réel émerveillement à voir surgir des pousses au printemps et à suivre le développement d'un plant, d'un arbre. Elle aime travailler la terre, y toucher. Peut-être sentait-elle son travail s'inscrire dans une longue lignée de gestes nourriciers. En tout cas, elle répétait ceux de son père adoré qui a eu longtemps un jardin et des poules, à Montréal, rue Louis-Hémon, là où ma mère est née et d'où elle est partie pour se marier.

Enfin, ma mère s'occupait des fleurs, mais c'est le potager qui faisait l'objet de ses plus grands soins. Ses tomates chaudes et juteuses, qui sentaient vraiment la tomate, la quintessence de l'été, nos concombres bien frais et croustillants que l'on cassait sans préavis, les haricots, les aubergines, les carottes, les radis, les courgettes, le persil, la menthe… Elle s'installait tôt le matin avec Hélène puis Isabelle, notre bébé, qu'elle plaçait à côté d'elle dans un couffin tandis que mon frère et moi jouions tout autour avec nos amis. Quand j'étais jeune, les haies étaient encore bien basses et, d'un coup d'œil, elle savait où nous étions. Ou elle se contentait d'entendre nos cris pour nous repérer.

C'est peut-être pure présomption de ma part, mais j'ai l'impression que ces années ont été très gratifiantes pour ma mère. Chacun des siens avait pu se créer un monde, intense et plein qui gravitait autour d'elle. Elle était au cœur d'un petit univers bourdonnant d'activités qu'elle pouvait contrôler dans la plus grande insouciance, précisément parce que chacun de nous était bien, là où il était. Ou peut-être étions-nous insouciants parce qu'on sentait que discrètement, elle veillait sur nous ?

Qu'est-ce qui venait troubler cette atmosphère sereine ? Une chicane d'enfants, un bobo, un chat égaré, un oiseau mort. C'était l'événement de la journée. À chacun ses problèmes. La vie passait si vite. On le réalise en regardant des photos. En quelques années, les arbres ont poussé, tout le quartier s'est transformé. Chaque maison est devenue plus privée et personnelle. Les arbres nous ont isolés, nos vies se sont complexifiées.

Il ne faudrait pas croire que la vie des bourgeoises de banlieue n'était qu'artificielle et frelatée comme l'ont montré bien des films et des pièces de théâtre par la suite. Les femmes de la génération de ma mère ont été les premières à axer leur vie sur l'idée du bonheur, cette grande promesse de la Révolution française insérée quelques années auparavant dans la constitution américaine, mais restée lettre morte. Au début des années cinquante, les villes-dortoirs ont représenté le premier espace consacré à la vie de famille. Comme le nom le disait, ces villes-dortoirs n'étaient pas destinées au dur labeur, à l'agriculture ou à l'implantation industrielle. Elles étaient conçues au contraire, pour la détente et le loisir.

Toutes les générations précédentes avaient été essentiellement préoccupées par la survie : gagner de quoi manger, se protéger du froid et des maladies. Ma mère est née alors que l'on parlait encore de la Grande Guerre et de la grippe espagnole. La fameuse crise, qui a touché riches et pauvres, se préparait. Elle a été suivie de peu par la Deuxième Guerre mondiale où Maurice, son frère préféré, a passé quatre ans stationné en Islande, attendant que son escadrille soit appelée. L'angoisse s'étendait bien au-delà du champ de bataille. Et puis, les familles étaient nombreuses, les enfants vivaient plus ou moins entassés, sans espace personnel. Chez ma mère, il y avait sept enfants. Cela faisait beaucoup de monde !

Je ne peux pas imaginer mon grand-père en train de patiner ou faire du ski avec ses garçons, ni même se baigner. Ma grand-mère encore moins. Mon grand-père devait plutôt penser à garantir la sécurité des siens, s'assurer qu'ils auraient toujours de quoi manger, se couvrir et éventuellement étudier. Dans bien des milieux, c'était la préoccupation dominante. Quel qu'ait été le revenu, le chef de famille pensait d'abord sécurité.

En l'espace d'une génération, les activités sportives, le camping, les sorties en famille facilitées par les autos et les familles réduites, se sont multipliés. La vie de famille faisait une place de plus en plus importante aux loisirs. L'économie aussi. Et ce nouveau style de vie s'est répandu très vite, au rythme des banlieues qui ont poussé comme des champignons.

Je comprends que ma mère ait été grisée par cette grande maison ouverte sur l'extérieur, si lumineuse, où elle arrivait avec tout son petit monde. Plus besoin d'attendre son tour pour aller aux toilettes, il y en avait trois. Plus besoin de s'inquiéter parce que nous faisions du bruit, mon frère et moi, alors qu'elle avait été terrorisée par le propriétaire de l'appartement que nous venions de quitter. Il lui coupait l'électricité chaque fois qu'on courait ou que l'on tapait sur le plancher : mon penchant pour les olives vient peut-être de cette époque où ma mère nous en donnait à l'heure du dîner, quand il

la privait d'électricité. Plus besoin d'avoir peur de la rue, des autos. Plus besoin de prendre en charge nos occupations, elle pouvait nous laisser jouer librement dehors. Enfin, cette vie qui alliait la campagne à la ville se présentait comme le cadre parfait du bonheur.

Et elles étaient nombreuses celles qui comme ma mère retrouvaient une part de leurs racines en s'établissant sur un grand terrain. On oublie parfois qu'au début du XXe siècle, une grande partie de la population québécoise était encore agricole. Tous ces jeunes couples retrouvaient, chaque été pendant plusieurs mois, l'atmosphère des vacances à la campagne. Les enfants qui courent dehors, le chant des cigales, les baignades, les vélos, la pêche dans la rivière d'à côté, manger dehors tous ensemble ou laisser manger les enfants dans une cabane de leur fabrication. Le soir, les parents faisaient une partie de croquet dans le champ en face de chez nous ou bavardaient jusqu'à ce que la nuit tombe.

Mais ces petites familles qui ont donné naissance aux baby-boomers ne se présentaient pas comme de simples lieux de reproduction de l'ordre établi, comme on l'a mille fois répété. C'était un lieu où l'on espérait être heureux, où chacun devait avoir la chance de se faire une place, de s'épanouir. La famille bourgeoise des banlieues s'est développée davantage sur le fantasme et le désir du bonheur et de l'expression de soi que sur l'impératif de la réussite professionnelle de ses rejetons. D'ailleurs, même si le milieu était propice aux études, aucun parent autour de nous n'a forcé qui que ce soit. Les enfants ont pour la plupart choisi des carrières bien différentes de celles de leurs parents, souvent moins lucratives.

Le bonheur, c'est bien connu, c'est l'affaire des femmes. Le mari s'occupait de faire bouillir la marmite, la femme s'arrangeait pour que la soupe soit bonne. Et comme bien des femmes ma mère y a pris un réel plaisir. Elle se savait aimée et devait sentir que ce qu'elle faisait était important. Nous avions tous besoin d'elle. Prendre soin des enfants devenait une occupation. Il ne suffisait plus de les mettre au monde et de les nourrir, il fallait les accompagner dans les diverses étapes de leur jeunesse. Il fallait développer et maintenir des relations étroites avec chacun, entretenir le dialogue comme on disait, pour ne pas les laisser s'éloigner ni s'enfoncer dans la révolte. Il fallait éviter le fossé entre générations, le fameux *generation gap* que nous allions inventer. Ma mère devait aussi être une compagne attentive et séduisante, une épouse capable de se renouveler.

Certes, le modèle est devenu un piège. Et elles étaient nombreuses à rechercher des conseils et à avoir

besoin d'évasion pour se sortir de ce qui peu à peu devenait frelaté. Dans les années soixante, un ouvrage comme *La Femme fatale* donnait des conseils pour «garder son mari», drôle d'expression où les prisonnières de l'amour se faisaient geôlières. Dans le même livre, on pouvait lire qu'en société, il fallait rire lorsque le mari raconte une blague, même si on l'entend pour la quinzième fois. Un soir, le surprendre à son retour du bureau, nue, enveloppée de Saran Wrap. S'envoyer un bouquet de fleurs en simulant l'attention d'un admirateur transi. Enfin, plein de petits trucs plus subtils les uns que les autres pour conserver l'amour d'un mari sollicité ailleurs par des femmes plus jeunes, plus jolies et moins assommantes.

Bien des femmes se sont senties à l'étroit dans leur prison dorée. Le discours sur la libération de la femme visait d'ailleurs directement les femmes au foyer, celles qui avaient la disponibilité de se poser des questions et de se sentir prisonnières d'un rythme de vie qui correspondait de moins en moins à la vie des enfants et du mari. L'oie blanche gardait une maison vide. Le mari se plaignait de plus en plus des longs trajets pour rentrer ; les enfants, des problèmes pour se déplacer vers leurs centres d'activités, tous en ville, évidemment. Enfin, la solution des années cinquante n'était plus adaptée aux exigences des années soixante-dix.

Mes parents ont déménagé à Montréal. Ma mère s'est inscrite à temps plein à des cours en art et elle a eu un plus grand jardin pour occuper ses étés. Et très vite, elle a eu des petits-enfants qui ont fait basculé sa vie dans un autre âge.

Guerre des sexes ou libération

QUEBECOISES DEBOUTTE !

Ma mère aurait pu aller travailler. Plusieurs l'ont fait. Mais aucune de ses voisines, aucune de ses amies, à cette époque-là, ne travaillait. Peut-être avaient-elles cinq ou dix ans de trop pour se lancer dans cette autre vie qui les aurait sorties de la maison. Ma mère avait bien des réticences vis-à-vis du travail des femmes. Quand on était jeunes, les femmes qui travaillaient le faisaient souvent par nécessité, leurs conditions de travail n'étaient pas bien intéressantes, et ne faisaient pas l'envie de celles qui avaient choisi de se consacrer à leur famille. Est-ce par dépit ou par envie? Ma mère disait qu'elle préférait s'occuper de l'éducation des siens. «Les enfants dont la mère est absente sont réellement carencés, leur mère ne pense qu'à elle.» Manifestement, ma mère les jugeait du lieu de son idéal et de sa position.

Rien dans la société ne favorisait le double rôle de mère et de professionnelle, surtout pas les hommes déjà débordés par leur rôle de père.

Et puis, dans un couple, il faut bien que l'un des deux épouse l'autre, qu'il se moule à son rythme. Ma mère savait s'ajuster avec souplesse aux exigences de la carrière de mon père, dans certaines limites hors desquelles elle protestait ou faisait carrément autre chose. Il n'est pas exclu d'ailleurs qu'elle se soit repliée derrière le fait qu'elle devait régulièrement accompagner mon père en voyage ou dans des soirées pour repousser un éventuel «retour au travail». Accorder deux horaires aurait été difficile. Que dire, s'ajuster à trois horaires puisqu'il fallait aussi que quelqu'un assure une présence pour les enfants qui restaient à la maison. Et enfin, se libérer en se soumettant, dans un bureau, à un quatrième rythme, celui d'un patron, n'était certes pas une perspective bien excitante.

Mon père n'est jamais rentré aussi tôt que pendant les trois années où ma mère a été occupée par ses études. «À quelle heure finis-tu?» «Seras-tu libre tel soir, nous sommes invités chez les…» Même les êtres que l'on croit le mieux connaître nous ménagent des surprises.

Féministe ou rien

Il faut aussi reconnaître que le discours de libération qu'on adressait à ces femmes devait être assez agaçant.

Le ton était souvent vindicatif. Les femmes *devaient* se libérer. C'est choquant de penser que l'on va s'affranchir d'une tutelle en répondant à une injonction. Venant d'autres femmes, de surcroît. Ces féministes n'avaient d'ailleurs pas toujours un profil particulièrement convaincant. Certaines d'entre elles, divorcées, agressives, à l'allure masculine, ne représentaient pas du tout un modèle pour ma mère.

Pourtant bien des positions défendues alors par des féministes rejoignaient des dispositions et des idées qu'avait ma mère. Même inféodée au rythme de mon père, ma mère gardait une certaine indépendance : elle savait s'occuper seule et s'organiser avec ses amies qui sont devenues avec les années, les gens que fréquentent toujours mes parents, bien plus que les relations sociales de mon père.

Au début de son mariage, ma mère devait sentir qu'elle accompagnait mon père, même absent, absorbé par ses études. Mon père gagnait trois fois rien, ils avaient donc convenu d'attendre deux ans avant d'avoir des enfants. Vingt mois après leur mariage, ils en avaient deux. Ma mère s'occupait de nous, «leur richesse» comme mon père le lui avait écrit dans une lettre très touchante que j'ai retrouvée récemment. Ma mère devait avoir le sentiment que leurs vies étaient bien pleines battant l'amble.

Mais, l'histoire est classique. La vie professionnelle de mon père a progressivement pris sa propre cadence, et donné le sentiment à ma mère qu'elle piétinait. Par moments ou par périodes. Alors, ma mère se cabrait et réagissait avec éclat. Certaines de ces tensions ont sûrement été provoquées par l'air du temps, et les revendications féministes dont on parlait partout. Et puis, ses trois filles l'ont continuellement remise en question, de front ou de biais, par leurs choix de carrière et de vie.

Ma mère a aussi eu l'occasion de se comparer et d'observer les multiples degrés d'infiltration des idées féministes auprès des femmes qui l'entouraient. Certaines étaient plus aventureuses. Une de ses amies qui avait régulièrement des amants lui avait dit, un jour, qu'elle se fabriquait de beaux souvenirs pour plus tard. Une façon comme une autre de préparer l'avenir et de voir venir la retraite. D'autres n'ont pratiquement pas évolué, ma mère estime qu'elles sont restées dans la dépendance de leurs maris ou qu'elles se font exploiter par leurs enfants.

Par disposition naturelle ou par une philosophie qu'elle s'est forgée avec les années, ma mère est devenue assez indépendante de mon père. Elle a renoncé au duo, à l'unisson. Depuis bien des années déjà, elle a cessé de jouer au golf, parce que ce n'est pas dans ses priorités, et elle saute des invitations à des soirées purement sociales auxquelles elle prend de moins en moins de plaisir. Elle a fait du bénévolat pendant bien des années, elle rend visite encore assidûment à ses proches, malades ou «placés» dans des résidences. Elle passe plus de temps avec ses amies qui la gâtent – elles lui ont constitué, au fil des ans, une jolie collection d'éléphants miniatures. Elles font de petits voyages ensemble et elles jouent au bridge trois ou quatre fois par semaine.

La maison terrain de jeu

Ma mère se plaît à répéter qu'enfants, nous n'avions pas de jouets. Ma mère ne nous en achetait pas. Les grosses boîtes colorées, la cuisine et la garde-robe de poupée, les autos télémachins qui faisaient leur apparition à l'époque, c'était pour les autres, ceux dont les mères «gaspilleuses» n'arrivaient pas à dire «non». La position de ma mère était sans doute dictée par le fait que mes parents sont entrés assez tard dans la société de consommation, elle ne correspondait ni à leur idéologie, ni à leurs moyens, il faut bien le dire. Et je ne sais pas comment ma mère s'y prenait, mais elle nous donnait le sentiment que leur situation était supérieure. Nous

n'avions pas de jouets, mais c'était mieux. Il faut dire qu'elle nous laissait tout faire : sauter sur les lits, jouer avec ses casseroles et ses cuillers, jouer dans l'eau, sous prétexte que nous l'aidions, nous déguiser, nous tirailler, et surtout, jouer au bateau quand il pleuvait.

C'est un jeu que nous avions inventé, mon frère et moi. Pour cette occasion, ma mère sortait une douillette de satin – elle n'aimait pas la personne qui la lui avait offerte – et nous en faisions un bateau. Sur la douillette, on s'installait en récupérant divers objets en guise de mobilier, et surtout, on plaçait tout autour toutes les chaussures de la maison qui devenaient des poissons que l'on attrapait avec des cannes à pêche de la fabrication de mon frère. Le jeu pouvait durer plus d'une journée. L'installation en prenait une, puis on faisait un peu de pêche le lendemain. Et ensuite, il fallait ranger.

Il y avait beaucoup de bruit chez nous. Nous ne jouions pas silencieusement. Je me demande comment ma mère faisait pour endurer le niveau sonore. Peut-être que ça ne la changeait guère de sa jeunesse puisqu'elle avait eu six frères et sœurs. Encore maintenant, quand nous nous retrouvons, je constate que nous sommes bruyants : on est souvent deux à parler en même temps et le niveau monte, histoire de se faire mieux entendre ! Sans parler de notre adolescence où chacun avait sa musique, ses disques, ses exercices de piano ou de guitare, et mon frère, parfois, faisait ses répétitions d'orchestre dans le sous-sol.

Chez nous, il y avait beaucoup de désordre qu'il fallait vite ranger avant que mon père arrive parce que, comme bien des hommes, il ne supportait pas les traîneries, cette espèce de perte de contrôle sur l'environnement que ma mère tolérait plutôt bien. Le désordre donnait peut-être à mon père le sentiment que ma mère était carrément dépassée, ou qu'elle allait le devenir. Ou que ses enfants étaient trop envahissants.

Ce qui me surprend maintenant, c'est de trouver les tiroirs de ma mère bien rangés. Ce n'était pas le cas quand on était jeunes. Il faut dire qu'on fouillait et qu'on prenait toutes sortes de choses, les ciseaux par exemple, que l'on ne remettait évidemment pas à leur place. Alors, pour trouver un crayon, une brosse à cheveux, le dictionnaire ou le séchoir, il fallait compter cinq ou dix minutes. Ce qui nous donnait l'occasion d'échanger quelques épithètes affectueuses à l'endroit du dernier débile qui s'en était servi.

On se criait des noms : tataise, téteux, idiote, im-bécile, sale garce, pichou (moche), pissou (peureux), chouchou (pour mon frère), menteuse, voleuse, salope, maudite vache (non toléré par ma mère), grosse torche (à l'index aussi), espèce de dégueulasse... Mon frère avait trouvé une formule aussi originale qu'efficace pour nous agacer. Il nous martelait d'un mantra de deux mots qui avait sur nous l'effet d'un cri de guerre : *Harre Cabo* (orthographe libre). Répété cent ou deux cents fois, l'effet était assuré. On appelait ma mère,

rarement mon père, pour régler nos conflits : «Maman, il m'a dit telle chose» ou «il m'a fait mal». Mais elle n'intervenait jamais. Elle avait sans doute compris que ça faisait partie d'une certaine escalade offensive plutôt que d'un réel appel à l'aide.

Je m'étonne parfois, quand je vais chez ma mère, de trouver la télévision allumée, en plein jour, dans une pièce où elle n'est même pas. Elle n'a jamais écouté la TV quand on était jeunes. Aucune série, certainement pas les sports, peut-être un peu les nouvelles ou le di-manche soir, une émission de music-hall dont j'oublie le titre, avec Michèle Tisseyre. Mais maintenant, cela lui sert de bruit de fond, une espèce de présence discrète et accommodante, écho de nos piaillements.

Encore au téléphone

À certains moments, ma mère «fermait ses cla-pets». Elle ne devait plus nous entendre. Ou au contraire, elle devait sentir que nos disputes étaient directement dirigées contre elle car nous intensifiions nos échanges mordants quand elle était au téléphone. Manière de lui rappeler qu'une mère, cela vient avec une garantie d'exclusivité, et pas question d'être branchée ailleurs, ne serait-ce qu'en ligne avec une amie. Je l'ai souvent entendue finir une conversation téléphonique en disant : « Il faut que je te laisse, les enfants se chicanent. » Peut-être servions-nous parfois de prétexte pour interrompre un échange qui s'étirait.

Ma mère adorait le téléphone. Elle n'allait jamais chez les voisines passer l'après-midi, et sauf pour faire les courses, quand nous étions jeunes, elle ne sortait que rarement de la maison dans la journée. Mon père rentrait tard, sept heures et demie, huit heures. Le téléphone lui permettait sans doute de se relier à une partie de son monde à elle, ses sœurs, ses amies, qu'elle fréquentait ainsi, tout en s'occupant de nous. Mais je crois que nous nous sentions abandonnés quand elle était au téléphone. Certains appels nous mettaient en état de détresse ou de rage. Avec madame K., cela signifiait deux heures d'abandon, avec sa sœur Raymonde, ce n'était guère mieux.

Nous savions que ma mère serait dérangée, troublée par certains appels : celui d'un pisse-vinaigre, qui parlait contre tout le monde incluant les êtres que ma mère chérissait, ce qui la mettait hors d'elle. L'appel d'une autre que l'envie conduisait à distiller son venin à doses massives, si bien qu'une heure de téléphone n'était neutralisée qu'après deux ou trois jours. Ma mère nous en reparlait, pour désamorcer ces flèches empoisonnées, pour essayer de comprendre. Elle s'en voulait surtout de ne pas avoir réagi et trouvé le mot spirituel pour remettre l'autre à sa place. Ou, au contraire, elle avait réagi un peu fort.

Philippe Sollers dit quelque part dans *Femmes* que dès que son père partait le matin, il se retrouvait dans une espèce de gynécée : « Une fois qu'il était dehors, le règne des femmes commençait. » Cette observation correspond assez bien à ce que nous vivions. Le rythme de mon père, ses exigences et ses *desiderata* ne dominaient que jusqu'au moment où il refermait la porte derrière lui le matin. Et si tout devait être rangé ou prêt quand il rentrait le soir — le repas mijoté et les enfants en pyjama — pendant son absence, le rythme changeait. Le téléphone sonnait souvent quelques minutes après son départ, ce qui veut dire que les amies de ma mère devaient toutes s'ajuster à cette même réalité : attendre le départ des maris pour se parler bien à l'aise, sans avoir à essuyer des remarques désobligeantes du type : « Mais qu'est-ce que vous pouvez bien avoir à vous dire que vous ne vous êtes pas dit hier. » Je ne mets pas de point d'interrogation à la fin de cette question : je suis persuadée que ce n'en était pas une, et surtout que la réponse n'intéressait aucunement mon père.

À la découverte du continent psy

Ma mère éprouvait le besoin de parler de son quotidien, de le ponctuer des commentaires des unes et des autres, de donner du relief à des petits faits et gestes bien ternes sans cet enrobage des mots. Comme bien des femmes qui étaient en train d'inventer un nouveau style de vie dans des banlieues toutes neuves, avec une certaine disponibilité dont leurs propres mères n'avaient pas joui, ma mère devait se sentir à la fois privilégiée et désorientée. Elle pouvait parler de plein de choses que les Québécoises des générations précédentes avaient tues. Je me souviens d'avoir surpris ma grand-mère, un jour, faisant un geste de ciseaux avec son index et son majeur, au-dessus de ma tête, pour dire à ma mère, sans que je ne l'entende, qu'on avait pratiqué une épisiotomie sur une tante qui venait d'accoucher. J'avais peut-être dix ans. Cela faisait longtemps que ma mère m'avait expliqué toutes ces choses que les femmes de sa génération n'avaient découvertes qu'en les vivant. Mais c'est par ce qu'elles arrivaient à se dire entre femmes, en se confiant certains problèmes ou en se racontant ce qu'elles avaient lu ou entendu, que les femmes de la génération de ma mère ont élargi le domaine du dit et fait reculer bien des tabous.

On oublie que les gens ne dialoguaient que très peu par le passé. Maris et femmes n'échangeaient que sur certains sujets, somme toute assez limités. Ils n'avaient d'ailleurs ni le temps ni l'espace pour ce genre de bavardage. Ma mère n'a pas dû entendre bien souvent ses parents discuter ou commenter une difficulté de l'un de leurs enfants. S'en rendaient-ils seulement compte ? Les surnoms donnés entre frères et sœurs servaient de commentaires : « Consomption », pour une sœur lymphatique ; « Les yeux blancs », pour une trop docile ; « Bouboule », pour un frère plus lent et sensible ; « Richette » (de Richard), pour désigner le petit chouchou à la santé précaire ; « Mémère à la crème », pour une gourmande proche de sa mère ; etc… Ma mère appartient à cette première génération de femmes soucieuses de la psychologie de leurs proches.

La génération du Dr Spock et de Master & Johnson découvrait d'autres niveaux de réalité, et pas seulement dans les livres. On devenait attentif au développement de l'enfant, à ses émotions, à son monde. Petite, je me souviens d'avoir surpris ma mère disant à je ne sais qui au téléphone : « J'ai gardé Louise à la maison. Elle se plaignait d'un mal de ventre. Elle n'a sûrement pas grand-chose, mais je pense qu'elle avait besoin de rester avec moi aujourd'hui. »

Les chroniques avec des médecins à la radio ou dans les magazines permettaient aussi une grande ouverture.

Elles répondaient, de façon plus anonyme à des questions que la plupart se posaient, concernant l'éducation des enfants, les relations conjugales, l'adolescence ou la puberté, notions qui devenaient à la mode. Ma mère écoutait avec intérêt l'émission de Théo Chentrier. Ses commentaires tantôt conservateurs, tantôt éclairés, recoupaient bien des questions que ma mère se posait.

Notre croissance et notre développement ont été ponctués de découvertes pour ma mère et dans bien des cas pour l'époque. Je l'ai déjà entendue dire qu'elle avait découvert l'adolescence avec son aînée de treize ans ; la puberté avec la troisième, lorsqu'elle a eu onze ans ; et la prépuberté avec la quatrième, qui s'était évanouie à neuf ans, symptôme possible, avait diagnostiqué le médecin, de ce nouvel âge de la vie. Ma mère avait dit qu'heureusement, elle n'avait eu que trois filles parce que pour chacune d'elles, il y avait eu un nouvel âge et que ça commençait de plus en plus jeune.

Mais je reste convaincue que le réel travail d'affranchissement passait par l'écoute que les femmes s'offraient les unes aux autres. Ces longs échanges reconfiguraient le domaine de l'intime en faisant basculer dans l'ordre du conversationnel toute une série de considérations tues jusque-là. Parler permettait de dédramatiser, ou disons de mettre en scène le quotidien en éclairant certains épisodes. Ce dont on pouvait parler pouvait être vécu plus simplement. Les femmes découvraient que la vie comportait bien des dimensions inconnues jusque-là. En les explorant, elles en devenaient peu à peu les

---

Psychologie de la vie quotidienne
Théo Chentrier

Ce que j'admire le plus chez la femme, c'est la possibilité qu'elle a de faire des corvées, c'est-à-dire de faire un travail fastidieux et désintéressé. Qu'il puisse exister en ce monde des êtres qu'on appelle épouses et mères de famille, capables de faire tous les jours de l'année la besogne du ménage, de la cuisine, de la vaisselle, du blanchissage (même avec l'aide de machines) reste toujours pour moi un sujet d'étonnement. Cependant j'ai compris d'où vient chez la femme cette possibilité d'accomplir de pareilles besognes rigoureusement quotidiennes : de son amour pour son mari et ses enfants ! Ce que j'admire le plus alors, c'est tout ce que l'amour peut faire d'ennuyeux. Ce que j'admire aussi, c'est cette note de beauté, de grandeur qu'il donne aux choses, même les plus insignifiantes. C'est aussi l'amour-propre, chez la femme, qui lui fait tenir sa maison comme si c'était un royaume. Ça l'est, en effet, même chez la plus pauvre.

Source : Théo Chentrier, *Vivre avec soi-même et avec les autres*, textes inédits choisis, présentés et annotés par Monique Chentrier-Hoffmann, Montréal, Éditions de Mortagne, 1981, p. 103.
Théo Chentrier a animé l'émission *Psychologie de la vie quotidienne* à la radio de Radio-Canada.

---

responsables : elles les dépistaient et se les appropriaient par le discours.

Pionnières des banlieues, ces jeunes villes naissantes, elles ont aussi colonisé un autre espace émergeant à l'époque, celui de la psychologie des rapports humains. Et si Freud et d'autres spécialistes avaient sondé l'âme humaine bien plus tôt, ce n'est qu'à partir des années soixante que toutes ces questions sont sorties des livres et descendues dans la rue. À partir de la génération de ma mère, elles sont devenues un mode de vie. Du reste, ma mère a vécu cette étape assez naturellement. Son bon sens et ce qu'elle découvrait empiriquement ou en en discutant venaient à bout de bien des questions qu'elle se posait. Quand elle se sentait dépassée, elle lisait. Il lui est aussi arrivé de consulter un psychologue pour l'un ou l'autre de nos problèmes.

« Silence, on parle »

Certains se réalisent dans l'action, d'autres dans la contemplation, ma mère vit vraiment quand elle parle. Ma mère fait partie de ces êtres dont la vie se déroule essentiellement au niveau du langage, et des échanges avec les autres. Elle a besoin de faire partager ce qu'elle ressent, d'amplifier un bon moment en le racontant, de commenter une rencontre, à l'occasion de mettre en lumière un détail, d'interpréter une remarque qui l'a affectée. Une grande part de son affection pour nous est passée par les mots. Elle n'a jamais ménagé les appréciations. Les mots agissent sur elle et c'est à travers eux qu'elle semble se réaliser. Ils ont transformé ses états

d'âme et ses perceptions, construit les événements qui ont marqué sa vie, bien plus que les faits.

Ses moments de silence, sans doute plus fréquents depuis que nous avons quitté la maison, restent meublés d'un dialogue intérieur. Elle doit revoir des échanges, les retravailler, les réinterpréter. Penser à une telle en voyant quelque chose, ne pas oublier de le lui dire, se poser des questions sur la meilleure attitude à adopter dans telle situation, savoir doser la parole, dire et ne pas dire. Il faut gérer le silence aussi. Pour un être animé par le verbe, comment apprivoiser et interpréter ces pauses qui ponctuent forcément chaque dialogue ? Comment reconnaître et accueillir les différents rythmes des êtres qui l'entourent ? Comment tolérer les échappées de mon père dans ce qui a pu parfois passer pour du mutisme ?

Chez ma mère, des choses restent tues ou à demi voilées. Elle n'a ni la prétention, ni l'obsession de tout dire, et opte pour la réserve dans bien des cas. Il y aurait tant à dire, mais il ne faut ni blesser ni s'imposer.

Il faut trouver l'art et la manière d'ajuster sa parole à ce que l'autre peut entendre, peut recevoir ou supporter. S'ajuster à son désir de partager ou de se laisser envahir par la parole de l'autre. Certaines remarques peuvent passer pour de la manipulation, d'autres ont sans doute délibérément une visée de cet ordre. Enfin, le dosage de la parole chez des êtres comme ma mère est une chose très complexe. C'est le lieu où elle module son rapport aux autres. Ses amitiés et ses conflits, sa maternité et son intimité de compagne. Et beaucoup de mots peut-être n'arrivent pas toujours à dire ce qu'elle cherche à faire entendre.

Le sujet est complexe, mille nuances s'imposent. Ma mère n'est pas une bavarde, une espèce de pie que l'on ne peut pas faire taire. Dans un groupe, ce n'est pas celle qui fait le plus de bruit. Ni dans l'intimité d'un repas familial ou entre amis, ni dans un groupe social plus anonyme. Parfois, en boutade, elle lève la main, pour dire que c'est à son tour de parler. Dès que l'on est plus de trois, elle reste assez discrète. Elle s'informe, pose des questions, à l'occasion elle raconte une blague, mais ce n'est jamais elle qui tient le haut du pavé. Elle écoute.

Ma mère aime parler, d'abord pour animer un lien, resserrer les attaches entre deux personnes. Si nous nous parlons chaque jour, ce n'est effectivement pas parce que l'on a beaucoup de choses nouvelles à se raconter, mais pour assurer un suivi, comme un muscle que l'on réchauffe chaque jour pour le maintenir en activité.

Elle m'a dit récemment que pendant des années, elle n'appelait sa mère qu'une fois par semaine, c'était l'une des rares personnes avec lesquelles elle prenait l'initiative, et qu'elle regrettait maintenant de ne pas l'avoir appelée plus souvent. Sa mère était embarrassée, le téléphone n'était pas vraiment rentré dans ses mœurs, et ma mère devait faire presque seule la conversation. Triste réalité de ne plus pouvoir entendre la voix de celle qui ne cessera jamais d'être sa mère, même de l'autre côté de la vie. Tristes regrets de ne pas avoir recueilli tout ce qu'elle avait à confier.

« Quand dire c'est faire »

Ma mère se réalisait essentiellement par la parole. Cela ne veut pas dire qu'elle n'était pas aussi un être d'action. D'abord parce que parler, ce n'est pas rien faire. Peuvent en témoigner tous ceux qui ont le sentiment d'influer sur le destin des sociétés, sur l'économie et la politique, et qui passent leur vie au téléphone ou en réunion. Ma mère a œuvré sur une autre scène. Mais elle faisait aussi bien autre chose que de parler. Tous ces petits riens répétés mille fois qui font partie du quotidien et que l'on ne remarque que quand ils font défaut. Au jour le jour, on ne les voit plus, précisément parce qu'ils organisent la vie. Dans les années soixante-dix, Yvon Deschamps avait composé un monologue sur les femmes qui ne travaillaient pas, si ce n'est qu'elles préparaient le petit-déjeuner, lavaient et repassaient le linge, nettoyaient les salles de bains, les planchers… Elles ne pouvaient pas travailler, elles avaient bien trop d'ouvrage !

Ma mère aimait venir à bout de son train-train quotidien. Mais pendant la quinzaine d'années où elle a eu de jeunes enfants à la maison, elle ajustait cette routine, au demeurant très peu rigide, à nos activités et aux sollicitations de ses proches. On oublie parfois que les femmes au foyer, heureuses de l'être, devaient assumer une forme de disponibilité permanente. Un enfant pouvait tomber malade, un parent avoir besoin d'aide, elle avait à accompagner son mari dans diverses soirées, enfin, en un mot comme en cent, elle devait toujours être prête. Pour aimer ce style de vie, ma mère devait posséder une grande souplesse. Des aménagements trop rigides auraient engendré fatalement du stress et des frustrations, surtout si l'on considère qu'elle devait adapter sa recette jour après jour.

On ne s'adapte pas instantanément à des conditions de vie plus aisées. Le tout-à-l'électricité, l'eau chaude courante, le réfrigérateur, les matériaux simples d'entretien, la spécialisation des produits de nettoyage ont facilité la vie de bien des femmes. Ils ont aussi multiplié les exigences envers elles. Il fallait que tout soit encore plus propre, que tout ait l'air neuf, que les enfants soient mieux habillés, que le jardin soit bien entretenu, et que l'épouse reste fraîche, qu'elle n'ait pas l'air d'avoir fait du ménage toute la journée.

En éliminant les corvées et en réduisant le travail, tous ces nouveaux équipements discréditaient le temps et les opérations nécessaires à l'intendance du quotidien. Quand la machine est autonome, le manœuvre vient d'être disqualifié et doit se recycler.

Mes grands-mères passaient de longues heures à faire la lessive dans des bains ou avec des lessiveuses à tordeur, corvée qui nécessitait qu'elles fassent chauffer l'eau, et qu'elles étendent le linge ou qu'elles le suspendent dans la maison, l'hiver. Leurs tâches étaient aussi visibles qu'encombrantes. Les enfants étaient souvent mis à contribution, pour aller chercher le bois, pour alimenter la fournaise, pour s'occuper des plus jeunes, pour la vaisselle. Mais avec la machine, il n'y a plus qu'à appuyer sur un bouton. Plus rien à faire. Alors les délais, les ratés sont inexcusables.

Les nouveaux produits hygiéniques ou cosmétiques ont élargi le domaine des odeurs suspectes ou gênantes. La transpiration s'est mise à sentir vraiment mauvais quand j'étais petite. Le remède créait le mal. Dès qu'il est devenu facile d'entretenir le linge avec tous les produits disponibles, de se laver chaque jour et de mettre du désodorisant, cette espèce de baume parfumé qui couvre l'odeur de la sudation, transpirer c'était puer. Les avancées de la propreté se mesuraient au recul des odeurs, en particulier, des odeurs corporelles. Avoir une odeur, c'était être sale, ce qui signifiait avoir une mère négligente. La responsable de l'entretien du linge, des soins des enfants et du mari, devait en effet ajuster ses prestations aux nouveaux standards. Et si chaque opération était plus simple, il s'en ajoutait toujours une nouvelle, et la tâche globale n'en était pas moins complexe.

Certaines femmes ont réellement été victimes de ces améliorations. Elles sont devenues des maniaques de la propreté. Tout devait reluire. Il y a des maisons où l'on n'entrait jamais. La pelouse semblait taillée aux ciseaux à ongles et le mari devait quitter ses chaussures en rentrant chez lui. Un genre qui avait peut-être son charme. Difficile à dire, on n'y a jamais mis les pieds. L'une de nos voisines mettait sa fierté, pour ne pas dire son point d'honneur, à ce que «l'on puisse manger par terre, même dans son garage». Une cousine de ma mère disait aussi «qu'elle était prête à mourir à toute heure, ses tiroirs étaient toujours rangés». Inutile de dire que ma mère n'était pas de cette farine. Elle n'aurait pas supporté une maison sale, mais elle acceptait que vivre veuille dire salir.

En fait, certaines femmes, plus collectionneuses, trouvaient une grande satisfaction dans l'accumulation de tous ces accessoires rendus célèbres par une chanson de Boris Vian : «la tourniquette... pour faire la vinaigrette, le bel aérateur pour bouffer les odeurs... le ratatine ordures... le coupe friture... les draps qui chauffent et le pistolet à gaufres... le canon à patates... l'éventre tomates et l'écorche poulet...» Elles s'encombraient tellement d'accessoires ménagers à entretenir que ça les décourageait de faire la cuisine. Finalement, c'était tellement moins compliqué de manger des repas tout préparés qui faisaient leur apparition en conserve.

Comment ma mère s'est-elle débrouillée dans tout ce remue-ménage ? Je me souviens, petite, de la corde à linge presque toujours pleine. Ma mère m'avait montré à étendre le linge : Les grosses pièces d'abord, parce que si on les mettait à ce bout-ci, elles allaient traîner par terre. Et les sous-vêtements, plus près de la maison : c'était plus discret. Une belle corde avait l'allure d'un crescendo prenant progressivement de l'ampleur dans le vent. Et le linge sentait si bon quand on le rentrait. Il m'arrivait de le plier moi-même, quand je voulais lui faire plaisir. Je m'appliquais à le plier le mieux possible. Pas tellement pour l'impressionner, mais pour faire mieux qu'elle. Au fond, cela revenait peut-être au même.

Il y a d'autres tâches que j'accomplissais avec elle, en particulier faire la cuisine, faire les courses parfois, mettre le couvert, desservir et laver la vaisselle. C'est dans ces moments-là qu'elle me parlait le plus. De tout et de n'importe quoi, d'une amie, de mon frère, de mon père, des choses de la vie. Elle me parlait, comme à une amie, de son univers à elle davantage que du mien. Et c'est ce que j'aimais, j'étais comme une grande. J'associe presque tous ces souvenirs à des moments détendus et tendres, sans doute parce que je devais l'aider surtout pendant les vacances, et qu'alors, elle et moi, nous avions tout notre temps.

Son ton n'était pas didactique. On n'aurait pas dit qu'elle s'adressait à une enfant. En tout cas, ce n'était pas l'impression qu'elle me donnait. Je me souviens par exemple, de sa façon de m'expliquer les menstruations. J'étais en train de balayer la cuisine. Elle n'a pas dit : « J'ai quelque chose d'important à te dire. » Elle a dit : « Je ne voudrais pas qu'il t'arrive ce qui est arrivé à la voisine. À l'école, la maîtresse a demandé à ses élèves qui ne savait pas ce qu'étaient les menstruations. La voisine a levé la main. Elle était la seule. »

Cette introduction avait dédramatisé les choses, et elle me vieillissait puisque j'apprenais, à sept ans, ce que la grande de septième année, c'est-à-dire de douze ou treize ans venait de découvrir. Ma mère m'a alors confié que, comme la plupart des femmes de son âge, ça lui était arrivé avant de savoir ce que c'était, elle s'en était sentie inquiète et très embarrassée. Ce genre de sujet était encore assez délicat à la fin des années cinquante. Et l'on aurait dit que cette conversation accompagnant un geste de femme très banal, balayer – qui me demandait encore une grande attention, voire de l'application – donnait à toute cette scène le caractère

d'un échange entre femmes. Elle m'apprenait quelque chose, certes, mais c'était davantage comme si elle m'avait confié un problème de la voisine, et sa propre détresse de jeune fille. Je n'étais plus une petite fille à laquelle sa maman apprend des choses. J'étais une confidente.

Telle mère telle fille

On entend souvent dire qu'il est plus difficile d'élever des filles. Je pense que c'est vrai. En tant que fille et en tant que mère. Je me souviens d'échanges difficiles avec ma mère. Avec mon père aussi, mais il était moins présent et servait donc moins de cible. Il y a une certaine violence possible uniquement avec une mère. Je le vis avec ma fille aussi. Certaines choses peuvent être dites sans vergogne, pas pour blesser comme le font les amants passionnés, mais dans le but pur et simple de choquer ou de provoquer, comme pour supplier l'autre, cette géante, de nous laisser une petite place.

À l'époque où il fallait «comprendre les jeunes», une exigence dans les années soixante, la plupart des mots irritants consistaient à dire que j'étais incomprise ou qu'une autre mère tolérait telle chose interdite chez nous et que, par conséquent, ma mère n'était pas à la mode, autre paradigme du moment. Elle devait parfois avoir envie de rire, mais aussi de se fâcher ou de pleurer.

Le plus souvent, elle me traitait d'impertinente ou d'insolente et m'empêchait «d'aller à la pêche», ce qui voulait dire retrouver mes copines pour fumer en cachette et parler à des garçons dans la rue ou à la patinoire, l'hiver. J'avais douze ou treize ans. J'étais l'aînée à une époque où beaucoup de choses changeaient. Pour ma mère, ce n'était pas que des idées qui changeaient, il s'agissait de sa fille, en chair et en os.

On parlait d'amour libre, de virginité, de ne plus aller à la messe, enfin de choses tellement banales aujourd'hui mais qui représentaient une remise en question d'un ordre ancestral qu'il s'agissait de bousculer en l'espace de quelques années. Je suis convaincue qu'en 1962, si l'on avait demandé dans une classe de filles de dix-sept ans, lesquelles n'étaient plus vierges, aucune n'aurait osé lever la main. Dix ans plus tard, aucune n'aurait osé, vierge ou pas, la garder baissée.

Ma mère et moi n'abordions pas ces questions directement. Je n'aurais pas voulu l'inquiéter inutilement. Elle ne me posait pas de questions sur mes relations amoureuses. Elle ne voulait sans doute pas me donner des idées que je n'avais pas encore. Nous devions aussi éprouver un certain embarras, ne sachant trop ni l'une ni l'autre quelle attitude était la plus juste.

Je pense surtout à la question de la virginité. Je me souviens qu'un jour, mon père m'avait dit que pour le même prix, un homme préférait un manteau neuf. Je lui avais répondu qu'avant d'acheter des chaussures, c'était

mieux de les essayer! Il faut dire que j'étais une bonne fille, c'est-à-dire que les libertés que j'ai prises devaient leur sembler finalement tolérables, même si elles les dérangeaient. La question de la contraception, des maladies vénériennes, du respect des garçons pour les filles ne pouvaient manquer de les inquiéter : ces questions sont d'ailleurs encore à l'ordre du jour.

Ma mère avait aussi des peurs qu'ont toutes les mères pour leur fille : celle du viol, par exemple. Nous vivions dans un quartier tranquille, mais pour rentrer chez moi, il fallait parfois longer la rivière, traverser un champ ou des lieux sombres, sans circulation. On parlait de traite des blanches, et si l'on sait maintenant que les fausses rumeurs de ce genre refont surface de façon cyclique, à l'époque on y croyait. Ma mère m'avait prévenue très jeune, à sept ans peut-être, de ne jamais adresser la parole à un inconnu, de ne pas monter dans une auto, même si c'était une belle voiture conduite par une femme.

Cette dernière remarque m'avait d'ailleurs induite en erreur. Petite fille, la seule fois où j'ai été victime d'un exhibitionniste, j'avais douze ans et je me rendais au collège avec ma grande amie Marie-Jo, un lundi matin enneigé. C'est une vieille voiture qui s'est présentée avec un type à l'allure d'un travailleur de la construction, ce que l'on pouvait déduire de ses bas de laine et de ses bottes que l'on voyait bien parce qu'il était sans pantalon. J'ai dit à mon amie, pour me calmer plus que pour la réconforter, que c'était sûrement un travailleur qui avait eu un accident, il ne fallait pas s'en faire parce que ma mère m'avait dit que les kidnappeurs étaient des femmes dans de belles voitures. Il s'est redressé et j'ai vite compris mon erreur.

Toute mon adolescence, je sais que régulièrement, ma mère s'est inquiétée pour moi. Tout retard déclenchait une dispute compromettant ma prochaine sortie. Il y avait les *parties* aussi. Mon père voulait que j'attende d'avoir seize ans. À partir de quatorze ans, nous en organisions tout le temps, chez mes amies. Ma mère me laissait faire, mais je ne pouvais pas en organiser chez moi le soir, à cause de mon père. Et un *party* l'après-midi, j'aurais eu l'air de quoi !

Pourtant, je n'ai pas l'impression d'avoir été particulièrement brimée. Malgré mes airs insolents et mon ton assertorique, je n'étais pas toujours certaine d'avoir raison. Et puis, à quarante ans ma mère avait l'air très jeune, pas du tout « vieux jeu ». Mais elle restait ma mère. Elle n'était pas « dans le coup »; elle n'appréciait pas spécialement notre musique, elle ne jouait pas à l'adolescente et ne menait pas une vie de célibataire, comme c'est fréquemment le cas maintenant. Elle continuait de représenter l'autorité, malgré son allure « dans le vent ».

Et puis très vite, malgré nos crises, je me suis sentie assez proche de ma mère. La plupart du temps, si elle me grondait c'était parce qu'elle avait eu peur pour moi ou qu'elle avait eu de la peine. Ces accrochages m'apparaissent maintenant tellement insignifiants ! Je me souviens d'un *party* organisé chez mon amie Brigitte. Nous étions toutes là, avec des garçons, bien entendu. Les parents de Brigitte n'étaient pas là. Ça, c'était formellement interdit. Ma mère l'a appris le lendemain. Et je me sentais si mal d'avoir trompé sa confiance que je suis restée dans ma chambre toute la journée, sans savoir comment lui adresser à nouveau la parole.

Je vais bientôt vivre ces situations en tant que mère. Je sais que parfois je serai dépassée et j'aurai vraiment peur, d'autres fois, je me fâcherai par principe en me demandant si j'ai bien raison. Rien que d'y penser, j'ai envie de pleurer. Parce que je sais que toutes ces disputes vont vouloir dire que ma petite fille à moi s'en va tout doucement, qu'elle aura ses choses à vivre sans moi et que ce n'est pas facile de se détacher de sa mère pour apprendre soi-même à devenir une femme.

Göran Tunström dit quelque part dans *Le Livre d'or des gens de Sunne* : « Quand les mamans meurent on perd un des points cardinaux. On perd une respiration sur deux, on perd une clairière.» C'est un peu ce que j'ai ressenti, au moment de l'adolescence, de chacune de ces étapes qui me rapprochaient d'elle, tout en nous séparant. Mes certitudes étaient bien superficielles, au fond j'étais désorientée en m'éloignant de ses attentes. J'avais peur de me tromper. Peur de la décevoir aussi. «Qu'est-ce que ma mère dirait?» est une pensée qui a accompagné bien des gestes indécis que j'ai posés à l'époque. Cela se formulait souvent par la négative : «Pourvu que ma mère ne le sache pas.» Mais c'est la même chose. Son regard et son appréciation n'étaient jamais bien loin. Non pas qu'elle ait été autoritaire ou répressive. Plutôt parce que je devais tenir à son estime, ou parce que je croyais qu'elle avait peut-être raison.

Quelques années plus tard, ma mère me disait, concernant la question des garçons, que quand elle était jeune, ce n'était pas l'envie de prendre plus de liberté qui lui avait manqué, mais à cette époque, c'était un tel interdit que c'était impensable. Et je me souviens d'avoir trouvé cet aveu étrange comme si ma mère reconnaissait que notre action avait été justifiée. Elle rejoignait notre attitude qu'elle aurait adoptée si elle avait vécu à une époque moins répressive.

7/10 pour ma mère

Les mères de mes amies étaient toutes différentes. Petite, je passais beaucoup de temps chez Marie-Jo. Elle n'avait qu'un frère, nous avions toute la place et pas de sœurs embêtantes. Nos jeux impliquaient souvent nos parents, indirectement du moins. Nous avions fondé une banque, la Caisse DP (Donohue-Poissant). Bien entendu, il fallait des déposants. Nous avions aussi ouvert une bijouterie, pour réparer les bijoux de nos mères. Cela devait leur rendre service.

En quarante ans d'amitié, Marie-Jo et moi n'avons eu qu'une dispute importante, et si elle a duré deux mois, c'est à cause de nos mères. Nous avions fondé un journal, Le DP, c'était en 62, l'année du Concile œcuménique convoqué par le pape Jean XXIII et nous avions fait des interviews à ce sujet. Nous avions une petite machine à écrire portative, nouveauté à l'époque, et nous étions en train de rédiger nos articles quand le ton a monté dans la salle de rédaction. La mère de Marie-Jo est venue nous dire qu'il vaudrait peut-être mieux nous séparer pendant quelques jours, que nous avions l'air fatiguées l'une de l'autre. Quand j'ai répété cela à ma mère, elle m'a dit de ne plus y retourner. Nos mères avaient dû oublier ce conflit une semaine plus tard, mais nous avons passé tout l'été sans nous adresser la parole.

Ma mère portait peu d'attention à nos amis. Le quartier était plein d'enfants et si certaines frimousses lui

plaisaient davantage, elle n'avait guère le temps de s'y intéresser. En somme, ces enfants ne la concernaient pas beaucoup.

Mais la mère de Marie-Jo est morte quand nous avions quinze ans. Ma mère s'est beaucoup rapprochée d'elle pendant sa maladie. Les deux femmes se rejoignaient en tant que mères. Ma mère s'est sans doute engagée auprès d'elle à veiller sur Marie-Jo, ce qu'elle a fait d'ailleurs, puisque l'année suivante, quand son père s'est remarié et a déménagé, Marie-Jo était venue habiter chez nous, le temps de finir son année scolaire. Je pense que ces tristes circonstances ont modifié le rapport de ma mère avec Marie-Jo et avec l'ensemble de mes amies par la suite : elle les a prises davantage au sérieux. Comme s'il y avait quelque chose d'engageant et de vrai dans l'amitié, même chez les enfants.

Les parents de Brigitte, une autre grande amie que j'ai rencontrée à douze ans, étaient des Belges. Ils ont assez vite socialisé avec mes parents. Ils étaient plus *sharp*, aujourd'hui, on dirait *cool*. C'est chez eux que l'on faisait tous les *parties*. C'est chez eux aussi que l'on fumait en cachette, que l'on s'exerçait à danser. Ses parents étaient vraiment «parlables».

Je ne sais pas si les adolescents ont encore de telles catégories dans leur répertoire d'appréciations. Pour nous, c'était hautement significatif. Il y avait les parents autoritaires, «vieux jeu» et à l'autre extrême, il y avait ceux qui comprenaient tout. Entre les deux, bien des degrés. Les parents de Brigitte se seraient mérité neuf sur dix, sur l'échelle du libéralisme. Pour obtenir un dix, il aurait fallu qu'ils soient plus souvent absents. Mais ils aimaient discuter avec nous, ils étaient sans doute plus concernés ou plus curieux de ce que nous aimions – notre musique, nos modes, nos danses – que mes parents. Ces derniers auraient dû se contenter d'un sept, ou d'un six et demi.

Mon père venait parfois dans ma chambre, quand j'étais avec mes amies et il disait en blaguant : «Les filles, on se parle comme si nos parents n'étaient pas là.» Mes amies riaient, mais cela ne prenait jamais la tournure d'une discussion.

Ma mère s'est beaucoup prêtée à des échanges avec mes amies quand nous avons été un peu plus vieilles, vers dix-huit ans et par la suite. Mais quand nous étions plus jeunes, elle conservait un rapport d'autorité, une distance entre son monde et le nôtre. Elle ne le faisait pas du tout, seule avec moi.

Nous nous sommes en quelque sorte rejointes, ma mère et moi quand j'ai eu autour de dix-huit ans. Elle avait fait allonger ses cheveux, nouvelle liberté pour les femmes de quarante ans puisque auparavant, les femmes mariées coupaient leurs cheveux ou les attachaient. Ma mère portait des jupes longues, un peu hippie, avec des colliers de graines naturelles. Et elle n'hésitait pas à s'asseoir par terre avec nous autour de la table à café. Là, elle aimait parler avec mes amis – filles et garçons – de nos amours, de nos peines, de nos vies.

« La peur a de grands yeux »

Ma mère complice et copine, assise avec mes amies en train de boire un café ou peut-être une bière, était sans doute fière d'elle-même. Elle avait réussi ce qu'elle avait de plus précieux : j'avais survécu à toutes les maladies, nous avions traversé la turbulence de l'ado-lescence, j'allais bien dans mes études, et pour le reste, elle pouvait s'en remettre à moi.

On oublie parfois que les années d'insouciance, les années cinquante, ont vu apparaître toute une série de maladies graves, jusqu'alors peu communes, qui se-maient la panique, le temps d'une saison. La poliomyé-lite, en 1958, était de celles-là. Les mesures de pré-vention et d'antisepsie étaient nombreuses. Il ne fallait pas suivre de benne à ordures, ne pas respirer les vapeurs qui s'en dégageaient, se laver les mains. Et il faisait si chaud cet été-là. On craignait les baignades dans les piscines publiques, enfin, tout ce qui favorisait l'échange de microbes. Deux voisines ont été atteintes. L'une d'elles est morte après avoir passé des mois étendue dans un poumon d'acier. Elle avait sept enfants, et les plus jeunes étaient de notre âge. Tout le quartier en a été consterné. Cela voulait dire que la maladie était parmi nous.

Quatre ans plus tard, c'était l'hépatite A que l'on appelait la jaunisse et qui se transmettait par l'eau ou par certains fruits, sans qu'on sache lesquels. Je l'ai attrapée. J'avais dix ans. Je me réveillais en pleine forme le matin me croyant guérie, puis vers neuf heures, j'étais si faible que je me remettais au lit. Je lisais et, l'après-midi, je me traînais jusque dans la chambre de ma mère où elle me laissait regarder la télévision. Des films de guerre, avec de belles infirmières. Je garde un souvenir très attendri de ces films en noir et blanc, et de ces après-midi fiévreux. La fièvre était-elle vraiment causée par la maladie ? Ou

TEEN-AGE AMOUR and GROWN-UP GLAMOUR
Get Bachelor On Jam!

Fabulously funny affairs of a bobby-soxer
who latches on to a bewildered bachelor
...and a jealous female judge who refuses
to be benched in a game of love!

CARY MYRNA SHIRLEY
GRANT · LOY · TEMPLE

The Bachelor and the Bobby-Soxer

RUDY VALLEE · RAY COLLINS

BOGART
PASSAGE
MARSEILLE

WARNER BROS.

She Wore a Yellow Ribbon

dépendait-elle plutôt de cette espèce de trouble amoureux dans lequel me jetaient les belles héroïnes, Esther Williams, Grace Kelly, Marlene Dietrich ou les magnifiques Gary Cooper, Gregory Peck et Humphrey Bogart.

Puis, il y eut la mononucléose. Cette fameuse « maladie du baiser » apparue un peu plus tard, comme en réponse à la récente libération des mœurs. Cette maladie avait quelque chose de punitif et d'embarrassant, à une époque où les choses du sexe étaient encore taboues.

Ainsi, tous les cinq ou six ans surgissait une nouvelle épidémie qui nous mettait en émoi. Sans compter les multiples grippes exotiques, toutes plus terrassantes les unes que les autres. Une série de mesures préventives devaient être mises en place : faire bouillir l'eau quand il faisait trop chaud, bien laver les fruits et les légumes, se laver les mains plusieurs fois par jour. Lourde tâche pour ma mère, d'autant que nous avons eu presque toutes les maladies contagieuses, comme la majorité des enfants. Ma mère faisait vraiment de son mieux pour contrôler la maladie et prenait tous les traitements et les mesures de prévention au sérieux. Elle nous avait si bien disciplinés pour le lavage des mains, que c'était devenu un réflexe. Une vingtaine d'années plus tard, un collègue s'est moqué de moi parce que je sortais de la toilette, les mains encore mouillées. Cela faisait « dépassé ». Autre temps…

On a tendance à oublier que, par le passé certaines maladies exigeaient la quarantaine, et mettaient toute la famille dans l'embarras. Je me souviens que la mère de ma grande amie pensait avoir la tuberculose. Elle avait dit à sa fille de ne pas en parler, cela ferait peur aux gens. Nous étions en 1968. La tuberculose, la scarlatine et tout le cortège des maladies contagieuses n'affectaient pas que le malade. L'un des frères de ma mère avait eu dans sa jeunesse, la tuberculose, un autre, la scarlatine ; avant la guerre et avant les antibiotiques, l'impuissance des gens devant ces maladies était affligeante. Il n'y avait pas grand-chose à faire, sinon isoler le malade et prier. Je suis moi-même étonnée chaque fois que j'apprends que quelqu'un a une pneumonie – maladie qui prenait des mois, voire des années à guérir – et que cette personne retourne travailler la semaine suivante.

Face à ces maladies, ma mère, comme bien des femmes de son époque, s'est sentie investie d'une nouvelle responsabilité. Son inquiétude de base pour ses enfants trouvait là une diversion positive : elle devait faire reculer la part de fatalité dans la maladie. Les notions d'hygiène qu'elle nous inculquait, les vitamines qu'elle nous

administrait quotidiennement et l'attention qu'elle portait à notre alimentation devaient nous protéger. Elle n'avait sans doute pas tort.

Toutes ces mesures ont accru le contrôle exercé par les femmes sur les maladies mais les échecs, les ratés ont engendré la culpabilité. Pour les maladies banales, ma mère se contentait de jouer à l'infirmière, ce qu'elle faisait avec beaucoup de tendresse et d'attention. Elle nous gâtait et on avait même droit à un petit cadeau si la maladie se prolongeait. Mais, dans le cas de maladies plus graves, les fièvres rhumatismales de mon frère entre autres, elle se sentait coupable de ne pas avoir prévenu ces conséquences de la pharyngite. Si bien que chaque rhume de mon frère devenait une menace qu'elle devait à tout prix circonvenir. On croyait encore à cette époque que la troisième crise pouvait être fatale, et mon frère a été hospitalisé trois fois.

Quand la maladie s'annonce plus forte que la vie

Comment décrire l'angoisse de ma mère au cours de ces épisodes, et chaque fois que mon frère avait mal à la gorge. Elle ne devait pas le surprotéger, mais néanmoins l'empêcher de faire plein de choses qu'aiment les garçons, dont tous les sports d'équipe. La maladie et ses

Mon frère était un malade docile et facile, mais il était très abattu par la fièvre douloureuse et envahissante. Il fallait attendre pendant des semaines à l'hôpital, que l'inflammation et la douleur disparaissent, en espérant que les médicaments – dont la cortisone qui venait de faire son apparition – produisent leur effet. Mon frère devait occuper toutes ses pensées. Ce petit être, il n'avait que sept ans lors du premier épisode, l'absorbait entièrement et jetait dans l'ombre toute autre réalité. Je suis convaincue que la volonté des parents, leur désir et leur détermination dans la guérison de leur enfant sont essentiels. On ne peut leur imputer une issue fatale, mais leur amour et leur vigilance contribuent à la guérison.

C'est dans ces périodes difficiles que j'ai découvert combien ma mère pouvait être ardente. Elle passait une grande partie de ses journées à l'hôpital à tenir compagnie à mon frère. Elle lui servait d'infirmière privée, si l'on peut dire. Elle était sans doute persuadée, ce que je pense moi-même, que le personnel s'occupe mieux des patients qui semblent entourés. On m'a dit que c'était un préjugé, mais j'en reste convaincue. Elle ne voulait pas non plus manquer la visite du pédiatre, un certain Dr D., très peu aimable, qui ne devait pas toujours savoir quoi dire puisque la médecine était encore peu avancée dans le domaine des maladies auto-immunes. Peut-être était-il d'autant plus cassant qu'il était dépassé. Je suis toutefois certaine que ma mère prenait des gants blancs pour le questionner sur l'évolution de la maladie, et sur le traitement.

séquelles cardiaques faisaient craindre le pire pour mon frère ; elles l'ont obligé à changer complètement de rythme de vie et d'activités. Ma mère devait aussi doser son attention, pour ne pas faire de jaloux. Nous n'avons pas surnommé mon frère, Chouchou, par pur hasard !

Il faut avoir connu la peur de perdre un enfant pour comprendre ce que ma mère a vécu pendant toutes ces années, et l'inquiétude qui la trouble encore, chaque fois que mon frère a les yeux cernés ou qu'il attrape une grippe. On se sent tellement impuissant quand la maladie s'annonce plus forte que la vie, quand elle envahit ce corps fait pour nous survivre. C'est peu dire que l'on voudrait prendre sa place, assumer sa douleur. La souffrance d'un enfant a quelque chose de révoltant, de contre nature.

Ma mère qui se sentait requise auprès de mon frère, se découvrait une énergie inhabituelle. Elle arrivait à passer ses journées avec mon frère et à faire tout le reste. Si l'on ajoute les longues nuits d'inquiétude, le temps pour recueillir des informations et tenter de mieux comprendre la maladie, on imagine à quel point ses journées étaient pleines. Et pourtant, ma mère ne semblait pas spécialement fatiguée. Avec nous, elle restait souriante et présente malgré tout.

Je l'ai parfois surprise en train de sangloter. Personne ne pouvait la rassurer ni la consoler. Là-bas, dans un grand hôpital anonyme et froid, son petit garçon, son bébé à elle, souffrait. Et elle n'y pouvait rien. L'attitude résignée et irréprochable de mon frère réconfortait probablement ma mère. Mais elle ne lui donnait guère l'occasion d'imaginer des phrases réconfortantes, pour elle et pour lui. Elle n'avait pas à développer toute une argumentation pour redonner le moral à mon frère, ce qui l'aurait aidée, elle, à prendre le dessus. Le courage de mon frère a peut-être fragilisé ma mère, accru sa détresse. Dans cette histoire à deux ou plutôt à trois car mon père était très présent, nous n'avons joué qu'un rôle secondaire, mes sœurs et moi.

Il est bien difficile de mesurer les effets de cette maladie sur notre vie. Il y a eu quatre ans entre chaque attaque. La vie finissait toujours par reprendre son cours. Avec des réaménagements. Ma mère retrouvait son humeur habituelle. Elle ne parlait pas souvent de la maladie de mon frère, sans doute pour ne pas trop perturber nos vies, mais je sais que l'inquiétude ne l'a jamais quittée, et elle craignait le pire. Elle se sentait responsable de prévenir une nouvelle attaque. Il lui fallait surveiller les activités physiques de mon frère pour qu'il ne s'essouffle pas trop.

Les traitements sont bien différents aujourd'hui. La victime d'un infarctus se retrouve sur un tapis roulant trois semaines après son attaque. Par le passé, on lui aurait recommandé le plus grand repos pendant des années. Mon frère, même très raisonnable, restait un vrai garçon. Mon père, qui a toujours été très proche de mon frère, injectait aussi sa part de dynamisme, plus virile, certainement moins couveuse. Ma mère trouvait souvent téméraires certaines décisions de mon père, ce qui la rendait encore plus craintive. Elle se retrouvait souvent dans la détestable situation de ne jamais connaître d'issue positive à sa position : ou bien elle s'était inquiétée pour rien, ou bien les suites catastrophiques lui donnaient raison. Dans bien des cas, ma mère a néanmoins préféré assumer cette difficile position, convaincue sans doute, que son œil inquiet et attentif nous protégeait.

Le grand frère chéri

Je réalise maintenant qu'il y a plusieurs formes de bonheur. À côté des rares moments où l'on se sent en parfaite harmonie avec tout ce qui nous entoure, états d'autant plus précieux que fugitifs, il y a des périodes où l'on vibre intensément parce que l'on se découvre essentiel auprès d'un être cher. C'est ce que ma mère a sans doute ressenti quand elle soignait mon frère et quand, bien des années plus tard, elle s'est occupée de son frère préféré, Maurice, atteint d'un cancer.

Pendant plusieurs mois, elle l'a entouré et elle a pris soin de ses affaires. Il y a bien longtemps, quand ils étaient jeunes, au début de la guerre, Maurice était parti en Islande, et c'est à ma mère qu'il avait confié son compte de banque et ses petits trésors. Ma mère et mon oncle Maurice avaient une grande confiance l'un en l'autre. En partant pour l'hôpital, Maurice a dû penser qu'en répétant le même geste, l'issue serait aussi heureuse. Ne dit-on pas que les mêmes circonstances produisent les mêmes effets? Hélas pas toujours.

Maurice, c'était le meilleur de son père et de sa mère combiné en une seule personne. Un homme organisé et discret, l'image incarnée de la force tranquille. Il rappelait à ma mère les meilleurs moments de son enfance. Leur complicité et leur longue amitié étaient faites d'estime mutuelle.

« Quand la vie te donne du citron, fais de la limonade. » Eh bien, mon oncle savait faire la meilleure limonade ! Il s'était marié au début de la trentaine avec une gentille infirmière, Lucille. Elle avait fait plusieurs fausses couches avant que mon cousin Luc ne vienne au monde, paraplégique. Mon cousin semblait lui-même directement sorti d'un roman. Il marchait avec des béquilles et avait de grandes difficultés d'élocution, mais tout ce qui sortait de sa bouche était exquis. Il était d'une extrême gentillesse et connaissait par cœur plein de choses qu'il nous répétait avec humour. Il aimait taquiner sa mère qu'il appelait « Princesse ». Ma tante, de santé fragile, a eu elle aussi sa part de problèmes : un cancer et des difficultés à marcher qui l'ont immobilisée précocement. Malgré toutes ces épreuves, ils semblaient authentiquement heureux tous les trois. Et ce bonheur se nourrissait de la bonne nature de Maurice.

Vers cinquante ans, Maurice s'était retiré pour mieux s'occuper des siens. Il faisait les courses, mais pas machinalement. Il choisissait chaque produit avec attention et désir. Sans doute comme son père. Mais mon oncle en plus savait en parler. Une belle poire a un jus particulier et sa peau est différente. Il y a plusieurs façons de trancher une tomate pour qu'elle jette plus ou moins de jus. Pendant son long séjour à l'hôpital, ma sœur Isabelle et moi lui rendions visite quand ma mère ne pouvait pas le faire. Il ne pouvait plus manger, mais il pouvait encore parler. Des poires et de bien d'autres choses. Ma mère a fait deux voyages pendant cette période, si bien que tous les jours, nous nous sommes retrouvées avec lui à l'écouter parler de ma mère, de leur enfance, de sa vie. C'était un homme très touchant.

Mais malgré les longues heures passées avec Maurice et malgré son chagrin, ma mère semblait plutôt paisible. Elle sentait qu'il avait besoin d'elle. Être indispensable à quelqu'un décuplait son énergie. C'est étonnant de voir l'ardeur dont ma mère est capable lorsque la situation le nécessite. Elle aurait pu tenir un fort ou soigner tout un bataillon dans une autre vie. Ma mère semble plus heureuse quand elle s'oublie pour les autres. C'est dans ces moments-là qu'elle semble le mieux coïncider avec elle-même.

Une part de la sérénité de ma mère venait de Maurice. Sa manière à lui de ne pas partir complètement, en laissant un peu du meilleur de lui-même vivre dans une âme sœur. Elle était habitée par cette tranquillité que connaissent les êtres qui assument pleinement leur destin, intimement convaincus qu'ils ont donné et reçu le meilleur. Sa part d'héritage.

Les gâteaux de ma mère

Tous les dimanches après la messe, mon père achetait croissants et ficelles, et une douzaine de ces délices qu'il fallait réserver pour le dessert du midi.

Ces gâteries de mon père, sa seule contribution tangible à nos repas, donnaient un air de fête et suscitaient une joie qui le confortait sans doute dans le sentiment d'avoir trouvé la manière de faire oublier qu'il ne cuisinait pas. Il faut dire qu'il rivalisait alors avec les gâteaux que ma mère préparait avec tant d'aisance, un par jour, pendant bien des années, et seulement avec des produits sélectionnés, pas n'importe quel sucre, pas de préparations en sachet ni de crème en bombe. C'était pour les paresseuses ou celles qui n'avaient aucun goût. Elle n'achetait pas de gâteaux tout faits non plus, comme on en trouvait chez nos amis, les petits Roulés Suisses ou les May West qui avaient le charme de se présenter en portions individuelles, ce qui faisait tellement plus chic dans les lunchs que l'on apportait à l'école.

Les gâteaux de ma mère ne manquaient pourtant pas d'attrait et ne restaient jamais longtemps dans l'armoire. Dans ses mélanges à elle, que des choses bonnes pour la

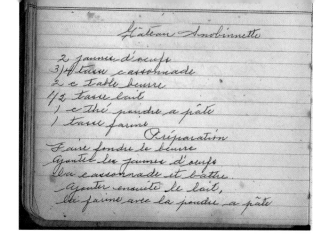

santé, conformes aux nouvelles considérations diététiques de l'époque. Aucun dérivé de chez British Petroleum, comme ironisait mon père en lisant la liste des ingrédients de certains produits qui avaient échappé à la vigilance de ma mère.

Elle essayait plein de recettes, encouragée par le format savant ou canonique de l'immense livre de recettes de Jehane Benoit, genre d'encyclopédie qui se constituait peu à peu, par feuillets, et qui donnait par son volume, du sérieux et de la crédibilité à l'art de la cuisine. Ma mère avait aussi son répertoire familial, dans lequel elle puise toujours d'ailleurs. Mais à l'époque, elle cherchait à introduire des saveurs qui nous paraissent banales maintenant, celles de l'ail, des fines herbes, de l'agneau ou des fromages français.

Ma mère préparait nos lunchs pour l'école. Et je me souviens que dès neuf heures, je commençais à penser à ce qu'elle y avait mis, à la surprise que j'y trouverais : olives, céleri, fromage, cornichons. Je ne pensais pas à elle bien sûr, mais elle était là, pas très loin, dans l'enceinte de l'école. En fait, c'est tout récemment que j'ai réalisé cela, quand mon fils m'a dit un jour, en rentrant de l'école – il devait avoir huit ans – qu'il ne prendrait plus de lunch, qu'il irait plutôt manger un plat chaud à

la cafétéria, avec ses amis. Le lendemain matin, il m'a dit qu'on «attendrait encore un peu», il n'était pas tout à fait «prêt». Je me suis demandé «prêt» à quoi ? À changer de compagnie à table ? Ou à se passer de cette extension de moi. J'ai opté pour la seconde explication, et j'ai eu l'impression que j'avais réussi : j'étais une vraie mère, comme ma mère.

Ma mère pensait vitamines et produits naturels. Dans les années cinquante, on commençait à se soucier de la qualité des aliments, de leur goût et de leurs propriétés. Ma mère était habituée aux tables abondantes et savoureuses, malgré le peu de diversité des aliments disponibles quand elle était jeune. Devenue mère, elle comptait faire plus et mieux. Et elle prenait son rôle très au sérieux. On disait déjà, depuis les enseignements de monsieur Kellogg au début du siècle, que la vitalité, la croissance et la concentration dépendent de l'alimentation. Ma mère préparait bien sa becquée. Et elle trouvait dans les yeux de mon père confiance et admiration.

Mais ce que ces plats et ces gâteaux de mon enfance contenaient surtout, au-delà de toutes les connaissances diététiques de l'heure et de tout l'amour que ma mère y mettait, c'était le parfum d'une maison accueillante où il faisait bon se retrouver. Comment dire ? Le gâteau est peut-être plus que toute autre chose, pour ma mère, un signe d'hospitalité. Certaines personnes ont parfois une petite réserve de gâteau. D'autres n'en ont jamais.

Une livre en trop

Comme presque toutes les femmes, ma mère trouve qu'elle a quelques kilos à perdre. Quel que soit son poids. Alors par phases, deux ou trois fois par année, elle se dit qu'il faut remettre le compteur à zéro, qu'il faut penser régime. Elle prend très au sérieux ces épisodes qui devront la débarrasser des ultimes deux livres res-

tées collées. Elle aime ces périodes de diète : elle les goûte. Il y a des gens pour qui faire un régime représente un supplice. Pas pour ma mère. Elle s'invente des recettes, redécouvre des saveurs plus pures, et s'accorde un peu plus de temps pour s'occuper d'elle-même.

Je pense aussi qu'elle retrouve alors un état ou une émotion qu'elle connaissait quand elle était jeune, dans les périodes maigres du carême. Ma mère n'aurait jamais enfreint la consigne de jeûne. C'est sans plaisir qu'elle aurait mangé un chocolat ou une friandise. Elle nous avait raconté qu'une année, sa sœur avait volé chaque jour un chocolat dans une boîte mise de côté par Maurice en vue de Pâques. Quand la fête est arrivée, la boîte était vide. À ma mère, ces chocolats auraient laissé un mauvais goût, frelaté et honteux. Elle est bien trop fière pour trouver satisfaction dans d'aussi piètres délices. Et pourtant, elle a un faible pour les chocolats.

Quand ma mère décide de faire un régime, elle s'y adonne religieusement. Au cours des années, elle a suivi divers programmes : les enveloppes du Dr Marino, les injections du Dr Schaeffer, les cures naturistes du Dr Brunet, le régime Scarsdale, celui aux hydrates de carbone, Vic Tanny's, et tous les trucs de ses amies qui font une diète, à tour de rôle : régime de soupes, régime aux pamplemousses.

On aura compris que le poids idéal tendant continuellement à baisser et les occasions de se régaler ne

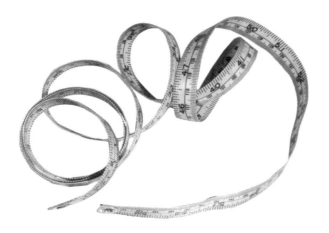

Toutes sortes d'aliments sont maintenant disponibles en surabondance, alors pas question d'avoir une once de graisse, et il faut surveiller son cholestérol. Décidément, on n'est pas là pour s'amuser! Les rondeurs sont devenues suspectes de faiblesse ou de mauvaise hygiène : pas assez d'exercice, mauvaise gestion des calories. À une époque où l'on gère tout, son budget, son temps, ses émotions, il est normal de gérer aussi les échanges entre l'absorption de calories et la dépense métabolique.

Quand ma mère ne fait pas de régime, c'est-à-dire la plupart du temps, elle s'autorise quelques douceurs. Ses faiblesses, puisqu'il faut les nommer ainsi, ce sont les sucreries : le chocolat, les desserts, les bonbons. Chaque chute est ponctuée d'un superlatif : « C'est si bon », « Le meilleur », « On ne peut pas imaginer plus savoureux », « Du jamais vu », « Ça n'a rien à voir avec… »

Ces petits plaisirs volés me font penser que ma mère est profondément légère. Les personnes un peu gourmandes ont un appétit de vivre qui les place au-dessus de bien des vicissitudes, côté soleil disons. Elles sont appelées par le plaisir auquel il leur faut résister pour finalement céder… avec encore plus de délectation.

cessant d'augmenter, la lutte contre la tentation devient un combat quotidien. La meilleure façon de maintenir un attrait pour la nourriture devant la surabondance actuelle des aliments, ne consiste-t-elle pas à promouvoir, en parallèle, un modèle de silhouette vivant sous le règne de la pénurie ? Tout est d'autant meilleur au goût que c'est mauvais pour la ligne, et qu'on a succombé à une tentation irrésistible…

Par le passé, quand la majorité des gens mouraient de faim, cela faisait bien d'être gras. Les silhouettes faméliques étaient synonymes de pauvreté ou de maladie. Je me souviens d'une caricature de Gérard Lauzier, montrant sur la page de gauche des pauvres, en 1879, l'air affamé, défilant devant un patron bien dodu, avec des pancartes : Du pain. Du pain. Sur la page de droite, en 1979, un patron très mince fait du jogging devant une masse d'employés bedonnants, réclamant des jeux.

Finir son assiette

Ma mère fait une grande place aux autres. À ceux de son entourage. Mais elle ne cherchait pas à nous «comprendre», à nous pénétrer d'un œil investigateur et à nous étiqueter, comme on en voyait tant, à l'époque, qui plaquaient une explication toute faite sur un caractère ou un type de tempérament. Rien d'excitant à se faire traiter de frustrée, de refoulée ou à se faire dire que l'on vient d'atteindre, oh joie! l'âge ingrat. Avant de juger, avant même de comprendre, ma mère essayait d'accepter ce qui la surprenait et la dérangeait.

Ma mère était assez tolérante. Ce qui m'a amenée à cette réflexion c'est un petit fait bien banal, que connaissent tous les parents, mais auxquels ils ne réagissent pas tous de la même façon. Faut-il exiger qu'un enfant finisse son assiette?

Le dimanche, ma mère préparait un rosbif ou une viande qui pouvait se manger saignante avec des légumes en purée. Je détestais la viande saignante, alors on me servait une tranche bien cuite mais qui finissait par rougir, pour peu qu'elle reste dans mon assiette. Quand je voyais que tout le monde vidait son assiette, je camouflais les morceaux restants sous un peu de purée. Mon père ne manquait pas de me demander si j'avais mangé toute ma viande. Je lui montrais mon assiette pour ne pas faire un vrai mensonge. S'il lui arrivait de piquer dans ma purée avec son couteau, j'étais privée de dessert ou je devais monter dans ma chambre. C'était l'une de mes multiples façons d'avoir quelque chose à négocier avec lui…

Ma mère tenait elle aussi à ce que l'on se nourrisse bien, mais elle ne nous a jamais obligés à finir notre assiette. Je pense que, comme bien des mères, elle était empathique. Notre répugnance pour un mets la touchait. Elle se mettait dans notre peau et imaginait facilement cette bouchée que l'on a envie de recracher parce que… «ça ne passe pas».

Les pères, eux, pensent en termes d'économie : pas de gaspillage dans la maison et, considérations tiers-mondistes on ne jette pas de nourriture : il y a des gens qui n'ont pas de quoi manger. Les mères pensent en termes de plaisir et de singularité. Chacun a droit à sa prime de plaisir mais malheureusement, dans une famille, on ne peut pas choisir son menu, alors il faut laisser faire certains accrocs aux principes. Deux écoles de vie.

Qui prend mari
prend pays

Ma mère avait quatorze ans quand les femmes ont eu le droit de vote, et les discussions politiques n'étaient guère plus encouragées dans sa famille que chez les sœurs Jésus Marie où elle a étudié. Elle est de cette génération qui a vécu ses débuts dans le monde adulte des années cinquante, dans une Amérique où tout était permis et possible, une Amérique qui ne se posait pas de questions.

Le type d'engagement de ma mère ne trouve pas d'arrimage sur des scènes institutionnelles, si l'on peut dire. Au contraire, elle est plutôt irrévérencieuse et sans complaisance en ce qui a trait au fatras politique. Comme bien des gens qui ont choisi de s'inscrire dans le réel immédiat, auprès d'êtres de chair et de sentiments, plutôt que dans les débats d'idées et d'idéaux, personnels ou collectifs, elle n'accorde pas beaucoup de confiance aux appareils politiques, et juge avec une ironie impitoyable les accros du micro, ceux qui ont besoin de porte-voix pour se faire voir et entendre. Beaucoup d'agitation, dirait-elle.

L'arène politique est pour ma mère un monde d'hommes dans lequel il n'est pas exclu que certaines femmes se distinguent, mais il s'agit toujours de la même chose : utiliser les autres pour se faire valoir. Parler au nom des autres pour accroître son pouvoir, quel qu'il soit, religieux ou politique. Je me souviens d'un échange qu'elle avait eu avec un ami ex-prêtre. Choquée par une argumentation qu'elle devait estimer à l'emporte-pièce, elle lui avait demandé ce qu'il connaissait de la vie, lui dont on lavait le linge et qui trouvait son assiette servie à chaque repas. Pour elle, les beaux sermons étaient vides s'ils étaient décrochés du concret.

Certains diront qu'elle est comme bien des femmes. C'est vrai. Ma mère, comme ses amies et ses trois filles, n'est guère politisée. Et elle a tendance à disqualifier ou tourner en dérision un monde dont elle était exclue, au départ, en tant que femme. Je pense que son attitude relève davantage d'une espèce de philosophie de base que partagent d'ailleurs bien des hommes, selon laquelle les choses bougent, mais rien ne change. Les êtres humains restent les mêmes, malgré leur agitation et leurs entreprises. Cette attitude témoigne d'un esprit critique qui

La femme a maintenant
droit de vote et d'éligibilité

l'amène à considérer que chaque personne mérite mieux. Elle n'est pas transportée par les grandes actions qui font penser que la vanité est le moteur de l'histoire. Et ses doutes viennent du sentiment que malgré toutes les commodités et les améliorations matérielles, au fond, la nature humaine ne s'est pas améliorée. Sans être passéiste, ma mère reste convaincue que notre vie n'est guère plus simple ni plus douce que ne l'était celle de ses grands-parents.

En fait, ma mère a été témoin de trois types de rapport au politique au cours de sa vie. Avant les années soixante, la politique était purement partisane. Il y avait les bons et les méchants, les rouges et les bleus. Deux équipes d'un jeu dont les spectateurs étaient aussi fanatiques que mal informés. L'analyse était sommaire sinon absente, et en général, les dés étaient jetés d'avance, en fonction de la tradition familiale. Mon grand-père, par exemple, semblait plutôt fier de dire que sa famille n'avait jamais voté que pour un seul parti. Ne pas adhérer au parti de la famille devait d'ailleurs demander un sacré courage. Outre le fait que cela soulevait d'interminables discussions qui tournaient souvent en disputes, cela représentait une audacieuse

Le Conseil législatif, par un vote de 13 à 5, approuve le projet de loi ministériel et le lieutenant-gouverneur sanctionne. Il s'agit d'une séance historique

(Du correspondant de la «Presse»)

QUÉBEC — Par un vote de treize voix contre cinq, le Conseil législatif a voté hier (25 avril 1940) soir, après un débat calme et dénué de tout incident, la deuxième lecture du bill accordant aux femmes de la province le droit de vote et d'éligibilité. Le bill subit ensuite sa troisième lecture sur un même vote, après qu'un amendement demandant la tenue d'un référendum aux prochaines élections provinciales par l'hon. Médéric Martin eut été battu. Une demi-heure après, le bill fut sanctionné par le lieutenant-gouverneur, et la législation du suffrage féminin, réclamée avec insistance depuis 1922, entrait dans les statuts de la province.

Le seul incident du débat de cette séance, qu'on pourrait qualifier d'historique, fut la tentative de l'hon. Médéric Martin d'introduire à la 3e lecture du bill, un amendement décrétant la tenue d'un référendum aux prochaines élections générales provinciales. On a noté aussi certaines questions de l'hon. L.-A. Giroux, au moment où on allait voter la 3e lecture du bill.

«La loi que nous votons,» a demandé l'hon. M. Giroux, va-t-elle provoquer de nouvelles législations, comme l'admission des femmes dans les commissions scolaires, etc.?

L'hon. M. Brais a répondu: «La législation suivra son cours comme toute législation». Et l'incident fut clos.

Les orateurs qui ont pris part à ce débat sont l'hon. Philippe Brais, leader du gouvernement au Conseil; sir Thomas Chapais, leader de la droite; les hon. Jacob Nicol, Frank Carroll, J.-L. Baribeau et L.-A. Giroux. (...)

Nombreuse délégation féminine

Une nombreuse délégation féminine avait envahi la salle du Conseil législatif. La séance commença à trois heures sous la présidence de l'hon. Hector Laferté.

À 3 heures 15, le greffier indiqua sur l'ordre du jour le bill du suffrage féminin, en deuxième lecture. C'est l'hon. Philippe Brais, leader du gouvernement au conseil, qui expliqua l'objet de la nouvelle législation.

«J'ai l'insigne honneur, dit il, de proposer en deuxième lecture le bill no 18, qui a pour objet d'accorder le vote aux femmes et l'éligibilité. Ceci revient à dire que si ce bill est adopté, non seu

grimace à l'autorité paternelle et menaçait la cohésion, l'intégrité familiale.

En se mariant, je présume que certaines femmes ont éprouvé un petit pincement à l'heure d'aller voter : celles dont le mari et le père n'affichaient pas la même couleur. Devaient-elles voter comme leur père ou comme leur mari ? Ma mère a connu ce dilemme, et je pense qu'elle a choisi son mari. Non pas parce qu'il aurait fait des pressions sur elle. Mais probablement parce qu'elle le trouvait plus progressiste, moins immédiatement partisan. Le père de ma mère était un parent de M. Duplessis.

Abandonner la position politique de son père était une trahison certes, mais moins lourde à porter que de ne pas être alignée sur celle de son mari. Certaines formules toutes faites essaient de rendre cette dimension profonde dans un couple : «Qui prend mari prend pays», ou «Une femme qui ne vote pas comme son mari annule son vote». Ces formules sont maladroites mais signalent pourtant une chose fondamentale : il est difficile d'imaginer une entente profonde et le sentiment de construire ensemble un avenir si nos forces ne convergent pas, si l'un dit blanc tandis que l'autre dit noir.

Pourquoi est-ce ma mère qui a changé de camp ? La réponse est assez simple : toutes ces questions ne l'intéressent pas beaucoup. Elle s'est complètement absorbée dans sa vie de femme et de mère et il n'y avait pas de disponibilité chez elle pour la partisane, d'autant que les débats qui ont secoué le Québec suscitaient une frénésie qui dépassait de loin son propre intérêt pour ces causes. Je me demande maintenant si sa discrétion et son désintéressement ne relevaient pas en partie du fait que sa famille et son mari n'étaient pas du même bord politique. En fait, quel que soit le parti qu'elle aurait choisi, elle se serait fait dire, par les hommes, qu'elle n'avait rien compris. N'est-ce pas ce que de nombreuses femmes de son époque se sont fait dire quand elles émettaient une opinion sur le terrain de la politique ?

Vers seize ans, je me suis plus ou moins convertie au socialisme et, sans être ML, marxiste-léniniste ni « en lutte » du matin au soir, comme on disait, je défendais avec conviction et une certaine arrogance des valeurs « anti-bourgeoises », « authentiquement prolétaires », fortement imprégnées de la Bible de l'heure, le petit Livre rouge de Mao que nous récitions par cœur. Ma mère, heureusement, prenait cela avec un grain de sel et une bonne dose de tolérance. Les grèves étudiantes se succédaient et, sans être du nombre des militants fanatiques, mon frère et moi nous y étions néanmoins engagés. Nous avons soutenu toutes les grèves, parfois sans grande conviction, mais toujours par principe, pour donner la possibilité aux responsables de s'exprimer et de défendre leur noble cause.

À la table, le dimanche, le ton montait, en particulier quand nous en arrivions aux « aberrations » du communisme sur lesquelles mon père finissait par aboutir : « Pourquoi retirer à l'individu le droit d'être propriétaire de sa paire de bottes ? » « Et si chacun a droit à ses bottes, pourquoi pas à son lopin de terre ? » Je considérais, comme bien d'autres, que tout était politique et qu'il était impératif de tout traduire en rapports de force. Il faut ajouter que quiconque ne partageait pas ce point de vue était considéré comme un « récupéré », indécrottable bourgeois, réactionnaire ou simplement victime de son éducation. Nous avions un sens des nuances et du pluralisme plutôt limité.

Qu'est-ce que ma mère pouvait bien avoir envie de dire dans ces échanges de formules à l'emporte-pièce où l'envie de défier la position de nos parents et le besoin de nous affirmer représentaient sans doute la motivation la plus profonde ? Elle nous laissait faire. Elle nous demandait souvent à quoi cela nous avançait de discuter si fort puisque, de toute façon, nous n'allions pas changer d'idée. Elle devait aussi considérer que ces discussions corsées n'entamaient en rien nos rapports sur d'autres scènes, dans ces zones où nous arrivions toujours à nous parler avec authenticité.

« La langue des femmes est leur épée »

Les mots exerçaient un grand pouvoir sur ma mère. À une attitude de rancune ou de ressentiment, ma mère a souvent choisi la confrontation claire et nette. Certes, il y a des personnes qu'elle ménageait, probablement parce qu'elle devait les sentir trop démunies. Dans certains cas, elle n'avait pas la présence d'esprit de répliquer, comme elle l'aurait souhaité. Mais d'égal à égal, la plupart du temps, elle ne se gênait pas pour croiser le verbe et toucher. Deux mots ont même pu suffire pour mettre fin à une longue relation. Une amie lui avait dit que l'un de nous n'était pas assez intelligent pour poursuivre des études universitaires. Ma mère ne nous a jamais dit sur qui portait ce savant pronostic. Sûrement pas mon frère, premier de sa promotion chez les Jésuites. Mais ma mère a demandé à cette amie si elle pensait avoir mis au monde trois génies. Et là-dessus, ma mère estimait avoir tout dit. Et ne plus avoir rien à dire. Il ne fallait pas toucher à ses enfants. Elle avait bec et ongles.

Je sais qu'elle a eu parfois des mots avec ma grand-mère paternelle, malgré le fait qu'elles se portaient une estime réciproque. En se fiançant à ma mère, mon père avait l'impression qu'il était le plus chanceux des hommes. Avant de partir pour les vacances au cours desquelles il l'a rencontrée, mon père avait demandé à l'une de ses tantes de prier pour qu'il rencontre une fille sym-pathique, bonne et, si possible, jolie. Ma mère était cela et bien plus encore. Tout ce qu'elle faisait était si bien : des plats délicieux, des vêtements adorables avec rien.

Ma mère n'a jamais dû sentir la moindre rivalité avec sa belle-mère. Mais au cours des années, elles ont eu quelques échanges que je qualifierais de directs. L'une comme l'autre ne se gênait pas pour dire sa façon de penser. L'été, ma mère nous laissait jouer dehors pieds nus autour de la maison. Ma grand-mère trouvait cela dangereux. Ma mère lui avait répondu qu'elle s'occupait très bien de ses enfants et que ses enfants, eux, ne jouaient pas dans la rue : « Elle ne les avait pas mis au monde pour les confier à la Providence. » Ma grand-mère avait repéré l'insinuation et avait répliqué : « Où vouliez-vous que je les mette mes enfants ? Je n'étais pas pour les garder dans mes jupons ! »

Quand nous étions jeunes, ma mère cousait nos vêtements sur sa Necchi, une machine que mon père lui avait achetée quand elle avait appris qu'elle était enceinte de mon frère, deux mois après m'avoir mise au monde. Une machine de quatre cents dollars. Mon père en gagnait dix-sept par semaine, à l'époque. Il devait croire bien fort au talent et à la persévérance de sa femme qui aimait la couture, comme sa propre mère qui nous habillait, elle aussi. Elle nous faisait robes et manteaux, à sa manière. C'était toujours trop long, au goût de ma mère. Ma grand-mère lui avait répondu alors qu'elle lui en passait la remarque : «Quand on n'a plus que les bords à refaire…»

Un jour, ma mère lui avait confié ses angoisses concernant les fièvres de mon frère. Ma grand-mère avait coupé court à l'épanchement en lui disant : «Comment pensez-vous que vous allez gagner votre ciel?» Elle devait considérer que les larmes et les doléances, c'était de la sensiblerie, et chez elle, il n'y avait guère de place pour ce type d'effusion. Pour ma mère, c'était une femme de devoir, endurcie et un peu sèche. Mais ma grand-mère adorait ses petits-enfants, si bien que j'ai conservé un tout autre souvenir d'elle.

Toutes ces remarques m'apparaissent tellement insignifiantes maintenant. C'est étonnant qu'elles aient survécu dans notre mémoire familiale pendant toutes ces décennies. Elles portent sans doute sur autre chose, bien au-delà des mots. Une façon d'établir son territoire, de faire sa place. Ma mère et ma grand-mère n'avaient finalement pas beaucoup d'affinités. Je dirais même si peu que leurs accrochages ne portaient pas tellement à conséquence. Ma grand-mère voyageait léger, elle oubliait tout ce qui aurait pu l'encombrer. Quand elle avait vexé quelqu'un, ma mère nous a souvent répété que ma grand-mère disait : «Ils sont choqués, ils se déchoqueront.» Ma mère avait compris qu'il n'y avait pas matière à contentieux. Ma grand-mère disait ce qui lui passait par la tête, sans malice, sans façon. Et ma mère savait qu'elle l'aimait. À sa manière.

Passages nuageux

Ma mère avait trois façons d'exprimer son mécontentement : la colère, les pleurs et, en dernier recours, la bouderie. Il n'était pas exclu, selon la gravité de la situation, que nous ayons droit à tous les trois. Et cela pouvait durer quelques jours. C'est étrange mais quand je repense à mon enfance, les humeurs de ma mère font partie du paysage. Ses bonnes et ses mauvaises humeurs. Ses rires et ses grimaces pour nous faire rire, ses sourires moqueurs comme son front fâché, ses lèvres frémissantes de peine, son silence et son visage fermé quand elle était vraiment irritée ou trop triste.

Les colères, c'était en général parce que nous avions fait quelque chose d'objectivement répréhensible. Nous nous tiraillions ou nous étions trop bruyants, elle finissait par perdre patience et nous grondait. Je ne me souviens plus exactement de ce qu'elle nous disait. «Ingrat, insolent», ça c'est certain. «Petite lâche, petite gueuse», aussi. «Comment peux-tu dire ça à ta mère? Moi, je n'aurais jamais osé!» Ou bien elle évoquait l'autorité de son père : «Mon père disait : C'est pas plus fin que des petits chats et des petits chiens, ça se tiraille tout le temps. » D'ailleurs, la référence à son passé était fréquente : Elle n'aurait jamais jeté par terre un aussi joli manteau acheté par sa mère – le mien était vert bouteille en velours côtelé avec un col de chat sauvage. Quand la pagaille était généralisée, que tout le monde se lançait des «C'est pas moi, c'est elle», elle montait le ton et menaçait de nous gifler ou de nous donner une fessée, ce qu'elle n'a jamais fait.

Il y avait les colères contre mon père aussi. Souvent, elle trouvait qu'il n'était pas assez prudent avec nous. Là, la dominante n'était pas le passé mais les superlatifs : elle ne pouvait jamais lui faire confiance, c'était le plus téméraire des pères, le plus distrait, on ne pouvait absolument pas lui confier un enfant… Apparemment, les capacités de mon père ne se sont pas améliorées avec l'âge puisque depuis qu'ils sont grands-parents, on a droit à un combiné des deux registres : «On ne peut jamais lui confier un enfant, c'est comme quand vous étiez petits. »

Mon père pouvait s'occuper de nous et aujourd'hui de ses petits-enfants dans des zones surveillées. Il peut raconter des histoires – autrefois, des récits de l'Ancien Testament, maintenant, des histoires qu'il invente – mais quand les enfants ont faim ou besoin de quelque chose, c'est vers elle qu'ils se tournent. Mon père peut faire du sport mais pas surveiller la baignade…

Ma mère chicanait aussi pour d'autres motifs, de petites choses sur lesquelles les couples s'accrochent de temps à autre. Les mots forts qui permettent d'éviter les grands maux. Le déclencheur pouvait être une remarque de mon père du genre : «Il n'y a plus de dentifrice. » Ma mère décodait un reproche et enchaînait : «Est-ce que je te dis, moi, qu'il n'y a plus de dentifrice ?» «Je vais porter *tes* chemises chez le nettoyeur, je m'occupe de *ton* linge, de *tes* repas…»

Dans un film à sketches de Jacques Villeret, une scène me fait penser que ces escarmouches dans la vie de mes parents se retrouvent chez tous les couples. Un homme et une femme se retrouvent seuls à bord d'une fusée. Le mari est aux commandes. La femme s'approche et demande : «Qui a laissé le tube de Beaujolais ouvert ?» Le mari proteste : «Pourquoi m'accuses-tu d'avoir laissé le tube de Beaujolais ouvert ?» Elle ne l'accuse pas, elle pose simplement une question ! Mais comme ils ne sont que deux…

Pour des choses plus contrariantes, ma mère boudait. Ce n'était pas des questions d'argent, là-dessus, ils ont toujours été alignés. Je rentrerais plutôt dans cette catégorie la question des loisirs, pour nommer par un générique un petit mot de quatre lettres qui a suscité bien des émois : le golf. Mon père y joue tous les samedis. Et l'hiver, c'était le ski. Or certains samedis, ma mère a des projets : assister à un mariage, ou recevoir des amis, enfin, quelque chose du genre. Elle sait qu'il sera là, mais il n'aura pas participé aux préparatifs. Sauf dans de rares cas, le programme de mon père est immuable.

Je sais que le golf a été particulièrement frustrant pour elle. Le ski moins puisqu'il nous emmenait. Pendant un certain temps, elle nous accompagnait. Il y en avait toujours un qui avait froid, faim ou qui était fatigué. Alors, elle était là. Mais le golf, le samedi matin, était une affaire d'hommes, mon père y allait avec mon frère qui lui servait de caddie. Ma mère restait seule avec les filles. Pourquoi le golf a-t-il été un tel irritant ? Pour diverses raisons, sans doute.

Parce qu'elle se retrouvait avec nous pour la sixième journée ? Je ne pense pas. Nous allions ensemble au marché Jean-Talon où petite, elle accompagnait son père. Toutes ces couleurs, ces parfums, c'était plein d'émotions. C'est d'elle que j'ai appris à choisir la prune qui doit être

mangée aujourd'hui ou dans quatre jours, l'orange à sa peau épaisse, le citron à sa peau fine, et tous les légumes que nous retrouvions bouillis dans notre assiette le midi, avec du beurre et du sel. C'était si simple et si bon ! Ces matins-là, rien ne lui manquait.

Était-ce parce qu'elle n'avait pas d'activité comparable, à laquelle elle aurait tout sacrifié ? Peut-être. Au fond, je me demande si ce qui dérangeait le plus ma mère dans le golf, ce n'était pas le fait qu'elle n'avait pas été élevée dans cette tradition. Mon grand-père n'allait pas à la pêche ou à la chasse. Il n'avait pour ainsi dire d'autre loisir que de se reposer, le dimanche, avec sa famille. Peut-être ma mère a-t-elle eu envie, par périodes, de faire les courses avec son mari, de jardiner, ou je ne sais quoi. Pour ce genre d'accompagnement, le manque d'enthousiasme de mon père a dû être bien frustrant.

Pourtant, ils ont du plaisir à se retrouver ensemble pour faire des choses, redécorer une pièce, faire des achats qui sortent de l'ordinaire. Autant de « célébrations du changement », comme le leur a écrit leur ami Rodolphe, alors que mes parents s'installaient récemment dans un appartement. Ma mère m'a dit que dans ces périodes où ils magasinent une nouvelle table ou un fauteuil, ils se retrouvent comme quand ils étaient jeunes mariés, quand la vie commençait, avant les mille et un samedis de golf.

Ma mère, mon miroir

Ma tante Raymonde, la sœur de ma mère, avait dit un jour, bien candidement : «Tu te souviens comment maman était susceptible et comment elle pouvait bouder.» Ma tante venait de donner une parfaite description d'elle-même. C'est stupéfiant de voir à quel point on ne sait pas se reconnaître à travers sa mère. Certaines filles, qui sont d'ailleurs des copies conformes de leur mère, diront qu'elles ressemblent à leur père. Même des fillettes de sept ou huit ans. Il est vrai que les filles tiennent beaucoup de leur père. Mais elles ont souvent tendance à dénier la part importante calquée sur la mère comme l'a bien montré Nancy Friday dans un ouvrage qui en a choqué plus d'une, *Ma mère, mon miroir*.

Ma mère ressemblait-elle à sa mère ? Difficile à dire. Physiquement, ce n'est pas évident. Ma grand-mère m'est toujours apparue comme une personne âgée, grasse, marchant très lentement, avec difficulté. Ma mère n'a pas son allure. Pour les traits, je ne saurais dire. Ma mère me dit qu'elle était très belle. Un grand portrait d'elle dans un médaillon nous montre une jolie brune très digne, sans grande expression. Une jeune fille d'une autre époque. Pour le caractère, ma mère m'a souvent répété qu'elle ressemblait davantage à son père, orgueilleuse et indépendante comme lui. Elle avait hérité de son goût de la terre, de son besoin d'être dehors, dans le parfum des tomates et des melons.

Mais ma mère ressemble aussi à sa mère : un soupçon de sa susceptibilité et beaucoup de sa bonhomie. Ma grand-mère avait effectivement une sorte de nonchalance. Elle devait laisser passer bien des choses, laisser faire, parce qu'elle n'avait pas le temps de tout contrôler. Elle m'a toujours semblé un peu égarée dans son rôle de mère d'une grande famille de sept enfants. Ses études chez les Ursulines, la broderie et les cours de piano ne l'avaient sans doute pas bien préparée à cela. Si j'ai bien compris, trois ou quatre enfants lui auraient suffi. Et de ses trois filles, seule ma mère, la plus jeune, lui donnait

un coup de main. Ma grand-mère n'était pas de celles qui demandent, ni à ses enfants, ni à son mari. Elle devait considérer que chacun avait ses occupations et elle se contentait des petits services que lui rendait ma mère.

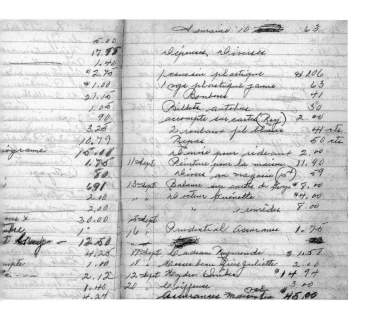

Ma grand-mère n'était pas un modèle de mère dominatrice, prenant tout en main et menant son univers comme la cane conduit ses canetons. C'est mon grand-père qui faisait les courses et le potager, et c'est lui qui veillait aux finances. Quand elle est morte, ma mère a trouvé un petit cahier noir dans lequel sa mère consignait, depuis qu'elle était veuve, chacune de ses dépenses. Trois dollars pour le coiffeur, cinquante cents de

pourboire, cinquante cents pour *La Presse*... Des sommes dérisoires, pourtant, ma grand-mère n'était pas pauvre. Mais c'était nouveau pour elle d'administrer un budget et elle se disait sans doute qu'en consignant tout de sa belle écriture, elle n'aurait pas de mauvaise surprise. Mon grand-père serait fier d'elle.

Chère grand-mère, qui commençait presque toutes ses phrases par un « Ma chère enfant », et pas seulement quand elle s'adressait aux petits. Elle me gardait parfois. Un jour, je l'avais accompagnée chez le coiffeur et sous le séchoir, elle chantait tout haut parce qu'elle ne devait pas s'entendre : « Je veux revoir ma Normandie, c'est le pays de mes aïeux... » Elle, si discrète. Elle était si touchante.

Ma mère a elle aussi un petit côté laisser-faire. Elle ne s'immisçait jamais dans nos affaires. Elle ne rangeait même pas notre linge dans nos tiroirs, en particulier le mien, parce que j'avais mon ordre à moi, et je ne supportais pas qu'on fouille dans mes affaires. Mes sœurs en particulier, car elles me volaient toujours quelque chose. Ma mère semblait avoir compris, et elle se contentait de déposer mes choses sur mon lit. Elle n'était ni contrôlante ni envahissante.

J'ai le sentiment que ma mère a géré une vie infiniment plus complexe que celle de sa mère. C'est étrange, parce que je n'ai pas cette impression en ce qui concerne ma grand-mère paternelle. Ce n'est donc pas qu'une question de génération. Ma mère a eu une vie plus facile que celle de sa mère, avec toutes les commodités dont notre quotidien est maintenant fait, mais sa vie ne s'en est pas trouvée simplifiée. Au contraire, elle est devenue responsable de dimensions qui passaient inaperçues par le passé.

Prendre son temps

Ma mère, comme bien des femmes de sa génération, a eu à inventer de nouveaux rôles, sans modèles et sans avoir le temps d'y penser. Avec les années – ou était-ce dans son tempérament ? – ma mère a développé une certaine anxiété. Il me semble que la plupart de ses peurs sont liées à la vitesse et à la perte de contrôle. C'est sans doute le cas pour bien des gens. J'ai moi-même eu peur récemment en auto alors que j'étais conduite sur une petite route de corniche par quelqu'un qui roulait vite. J'ai compris que ce sentiment venait en grande partie du fait que mon conducteur pilotait plus vite que je ne l'aurais fait. Il me dépassait en quelque sorte et m'imposait son rythme à lui. J'étais privée de contrôle. Et même si j'arrivais à me raisonner, puisque après tout ce chauffeur avait l'assurance des gens qui fréquentent quotidiennement cette route, j'ai trouvé détestable cette situation où ma vie dépendait arbitrairement de quelqu'un d'autre.

Ma mère a dû souvent sentir qu'elle n'était pas au volant. Et elle déteste la vitesse. Mille fois elle a sans doute voulu ralentir le cours des choses, souhaité que nous restions plus longtemps ses petits chéris ; tout passait si vite. À une remarque récente de mon benjamin, j'ai compris que ma mère était investie d'une dimension du temps qui n'appartient qu'aux mères. Pressé de fêter son cinquième anniversaire, mon petit m'a demandé pourquoi je ne l'avais pas mis au monde plus tôt. Il aurait sauvé quatre mois d'attente avant sa fête. C'est si urgent d'avoir cinq ans. Tout est si pressant dans la vie. Il n'y a que dans le regard et la mémoire des mères que le temps reste suspendu : elles sont les dépositaires de ces moments bénis de notre enfance.

Ma mère portait cette fibre maternelle bien avant d'être mère. La vitesse l'a toujours agressée. Déjà petite fille, contrairement à ses frères et sœurs, elle n'aimait ni le vélo ni le patin ; elle avait peur de perdre l'équilibre. Même chose avec le ski. Ma mère se sent bien quand elle a les deux pieds sur terre. Son rythme à elle, c'est celui de la marche, celui qui lui permet de couvrir pas à pas l'univers sans limites qu'elle parcourt chaque jour, qu'elle arpente et observe, qu'elle peut embrasser, son pays de connaissance. Ses explorations se font davantage dans le sens d'un approfondissement. Elle n'a pas besoin de s'étaler en surface, elle prend déjà assez de place là où elle est.

La marche est le sport préféré de ma mère, enfin, presque l'unique. Elle marche parfois pendant des heures, avec ou sans destination, en variant le parcours, pour découvrir d'autres arrangements de fleurs, pour éviter de croiser tel chien ou d'être retenue par telle personne. Les promenades de ma mère ne sont pas sociales. Son père sortait tous les soirs, après le souper. Il faisait quelques pas et restait accroché chez monsieur Malatesta ou chez les B. Ils parlaient de la pluie et du beau temps. Pour ma mère, la marche, ce n'est pas cela. Ses promenades sont autant de moments de solitude. Des occasions de dépaysement aussi puisqu'elle redécouvre chaque fois son quartier.

Sa peur sur les autoroutes, en avion, qu'elle assume de diverses façons faute d'avoir le contrôle de la situation, a déjà été une source de grand stress pour elle. Quand nous étions jeunes et qu'elle devait nous laisser, prendre l'avion représentait une épreuve parfois trop haute à franchir. Il lui est même arrivé de ne pas partir, d'annuler un voyage. Aujourd'hui encore, elle me dit qu'elle prend un verre de champagne au décollage, juste de quoi se griser un peu et se détendre. Quand on voit les quantités d'alcool qui se consomment en plein jour sur certains vols, j'en déduis qu'elle ne doit probablement pas être la seule dans sa situation. En auto, quand elle ne conduit pas, et si nous sommes plus de deux, elle s'assoit derrière. Il y a des choses auxquelles il n'est pas nécessaire de faire face, et ma mère se contente volontiers d'un deuxième rang.

Conduire à grande vitesse ne lui plaît pas non plus. Tous ces gens qui ont l'air si pressés, ils se doublent et foncent on ne sait où. Ils lui imposent un rythme qu'elle déteste tellement qu'il se traduit en malaise physique : point dans le dos, douleurs articulaires. Je me souviens, petite, nous étions à Cape Cod ou quelque part sur la côte est, et ma mère avait pris le volant pour permettre à mon père de se reposer. Nous étions sur un pont, un pont inoubliable où ma mère a réellement paniqué. Elle disait à mon père qu'elle ne voyait plus les bords de l'auto, elle n'avait plus le contrôle, elle n'en pouvait plus. C'est une des rares fois où sa peur ne nous protégeait plus. Au contraire, elle nous la communiquait.

Il existe certainement des traitements et des explications pour ces malaises qui sont peut-être la cause de la fibromyalgie dont souffre ma mère. Mais je pense qu'il y a aussi une dimension esthétique liée à ces peurs. Quelque chose en elle résiste à la vitesse et à tout ce qui s'y rattache, tous ces développements anarchiques, faisant une religion de la nouveauté et du chromé. La course ne l'intéresse pas, certaines façons d'être non plus.

Aux dernières nouveautés, ma mère préfère les vieilles pierres, le bois, la patine des choses sur lesquelles des générations ont passé. Pour elle, un objet prend de la valeur avec le temps. Il développe une espèce d'aura, faite des multiples couches de regards qui se sont posés comme des sédiments à sa surface. Certains objets acquièrent un nom propre, rattaché à leur origine, sa mère, sa grand-mère. Et ils sont d'autant plus précieux que rares. Ma mère avait deux sœurs qui sont passées avant elle, si bien qu'il ne lui est resté que bien peu de chose de sa mère. Elle a dû composer aussi, de bonne grâce je pense, avec les goûts de mon père plus porté vers le contemporain. De toute façon, ma mère n'est pas passéiste ou nostalgique d'une époque où tout aurait été doré, mais son rapport au temps est investi de dimensions qui échappent à l'œil pressé.

Ma mère ne fait pas partie de ces gens qui considèrent qu'ils en font plus, parce que ça va vite. Chaque opération prend un certain temps et, en la faisant plus vite, elle n'a rien gagné. Au contraire, elle l'a mal faite et n'y a pas pris de plaisir. Elle n'est pas lente. Elle aime que les choses soient bien faites et trouve plus de plaisir à les faire qu'à les goûter. Elle aime cuisiner, préparer une table avec soin et imagination, se préparer elle-même. Ce qui décrit le mieux ce trait chez elle, c'est qu'elle adore coudre à la main. Quand ma mère confectionnait nos vêtements, ce qu'elle préférait, c'était la finition qu'elle faisait avec application, une aiguille au doigt.

Le nid se vide

«Les voleurs détestent entrer dans une maison aux portes ouvertes», disait mon père. Il y avait un tel va-et-vient chez nous que cela n'avait pas de sens de fermer les portes. Ma mère protestait parfois, surtout après la visite d'une espèce de mastodonte, venu en pleine nuit fouiller dans notre garage. Il repartait avec une brouette bien pleine quand mon père, que le bruit avait réveillé, lui a demandé ce qu'il faisait là. «Je suis venu emprunter la brouette», avait bougonné l'inconnu que nous n'avons jamais revu. Ma mère, affolée, avait sermonné mon père, lui reprochant d'avoir adressé la parole à un voleur qui faisait deux fois sa taille.

Un été, nous nous étions fait voler des chaises de jardin. J'avais obligeamment expliqué à l'agent d'assurances qu'elles étaient vieilles et qu'il y en avait même une de déchirée. Ma mère devait m'adorer. L'agent n'avait pas retenu ce témoignage d'une petite fille de six ans, l'experte en gaffes.

Ces épisodes oubliés, notre maison restait ouverte aux quatre vents, animée et bruyante. Puis la maison s'est vidée. Nos activités nous retenaient ailleurs souvent le soir, et quelques années plus tard nous n'étions plus là.

Est-on jamais préparé à voir partir ses petits?

Tout arrivait en même temps pour ma mère : notre départ, les discours de libération, les premiers signes de la ménopause, le déménagement dans un nouveau quartier, une plus grande maison avec une très large façade sans voisins, donnant sur la rivière, cette immense masse noire dès que la nuit tombait.

Notre départ devait lui paraître d'autant plus cruel qu'il y avait toutes ces chambres désertées qui avaient gardé nos noms, et les effets que nous n'avions pas cru bon emporter. Je sais qu'elle s'est sentie très seule, un peu abandonnée. Chère maman. Elle devait se demander pourquoi entretenir une si grande maison inoccupée. Certaines soirées d'automne, j'imagine le sentiment de vide qu'elle a dû ressentir autour d'elle et plus profondément en elle. Il lui fallait réinventer sa vie, élaborer d'autres projets, réapprendre à être deux, avec un compagnon qui ne levait jamais le pied et dont la vie bien remplie changeait apparemment bien peu.

Ma mère a commencé à avoir peur chez elle. C'était sa façon de donner une âme à cette maison presque abandonnée. On dit que les fantômes sont le fruit de notre imagination. C'est sans doute vrai. Mais l'imagination de ma mère a aussi été nourrie par toute une série de visites importunes, plus inquiétantes les unes que les autres. Un matin, il lui est arrivé de trouver un type dans la cuisine, en train de fouiller dans un tiroir, alors qu'elle n'était qu'à quelques pas, dans le jardin. Un autre s'est enfui, saisi par l'alarme qu'il avait déclenchée, et laissant tomber son couteau dans les escaliers. Finalement, ma mère activait le système d'alarme, cette trappe à fantômes, chaque fois qu'elle se trouvait seule.

Son plus grand soutien dans cette période difficile a été l'arrivée des deux fils de ma sœur Isabelle. Laurence puis Léonard qu'elle a beaucoup gardés. Pendant bien des années, ces deux petites sentinelles ont protégé leur grand-mère en lui donnant l'occasion de veiller sur eux. Avec ces tout-petits, elle n'avait plus peur. La menace n'était certes pas moins grande, mais son rôle de protectrice décuplait son sang-froid. Ces petits êtres qui avaient besoin d'elle réveillaient en elle une force oubliée, si vive quand nous étions jeunes. Et ses peurs s'évanouissaient.

On a souvent besoin d'une grand-mère

Ma mère n'était pas préparée à devenir grand-mère. Pas à ce moment-là. Nous l'avons initiée à l'art d'être grand-mère dans des conditions qu'elle a trouvées difficiles et que certaines de ses amies estimaient peu enviables. C'est son

bébé qui a démarré le bal, sans doute un peu trop tôt au goût de ma mère. Elle avait à peine vingt ans, pas de métier et une union qui s'est vite transformée en amitié, mais qui n'était guère prometteuse à l'époque. Ma mère devait entendre toutes sortes de niaiseries du genre : « Tu es bien courageuse, je ne tolérerais pas que ma fille couche avec son ami avant le mariage » ou « Ça doit être tellement difficile pour toi, ce qui vous arrive. » On était en 1980. Les commentaires auxquels ma mère a dû faire face étaient d'autant plus irritants qu'ils se présentaient sous le couvert de la sympathie.

Ma mère ne réagissait pas à d'aussi franches expressions de sympathie. Elle était trop orgueilleuse pour se défendre ou nous défendre. Mais je sais qu'elle se sentait jugée, elle-même comme mère. Elle avait peut-être manqué quelque chose. Et puis, tous ces préjugés rejoignaient

des positions qu'elle comprenait encore. Elle les avait surmontés, certes, mais ils correspondaient, avec trente ans de retard, à la *doxa* de sa jeunesse.

Ma sœur n'était d'ailleurs pas l'unique cause de ces tensions. Toutes nos séparations ont assombri sa vie et provoqué bien des deuils. Ma mère s'est attachée à la plupart de nos compagnons. Ils n'étaient pas toujours ce qu'elle aurait intimement souhaité pour nous. Mais ils étaient là. Pauvre maman. Sans compter que ces choix de vie ont parfois impliqué des enfants qu'elle a aimés, le temps d'une saison ou peut-être pour la vie, comme s'ils étaient les nôtres. David-Étienne, Pierre et Florence, Élisabeth, Jessica et le groupe des cinq, François, Agathe, Eugénie, Martin et la petite Clémentine, les petits protégés d'Hélène.

Grand-maman Flo

On aurait tort de penser qu'en devenant grand-parent, on prend un coup de vieux.

Ma mère a vraiment rajeuni en devenant grand-mère. Elle a retrouvé sa gaieté et sa vivacité. Elle a aussi développé une nouvelle forme de complicité avec mon père, un peu comme quand nous étions petits. De nouvelles sources de conflits aussi, puisque ma mère s'inquiète pour nos enfants comme elle l'a fait pour nous, ce que mon père lui reproche parfois. «Pain de vieillesse se pétrit en jeunesse», dit quelque part Robert Merle. Ma mère a fabriqué son moule de grand-mère, il y a bien longtemps.

Avec chacun des quatre plus vieux, Laurence, Léonard, Charles et Clara – longtemps sa seule petite fille – elle a initié une forme de lien privilégié. Chacun d'eux a été l'occasion pour elle de faire des découvertes et de revivre des épisodes de notre enfance, qu'elle leur raconte et qu'elle nous rappelle.

Marc-André lui avait dit, à trois ans, en marchant dans la rue avec elle, enceinte d'Hélène : «Fais attention de ne pas casser ton bébé.» D'Isabelle, bébé, il avait dit : «On aurait voulu en faire une pareille, on n'aurait pas été capable.» Isabelle avait écrit, vers sept ans, que plus tard, elle voulait être «infirmière parce qu'elles sont toujours jolies, ou écrivaine», mais que par-dessus tout, elle voulait «devenir mère de famille».

Elle leur a aussi raconté ce fameux épisode fixé sur une photo prise devant un hôtel à New York et sur laquelle nous affichons tous un air sinistre. Elle venait de nous gronder : «Je ne savais pas que j'avais mis au monde des singes.» Mon frère et moi avions décidé, dans un élan de saine compétition fraternelle, d'essayer d'atteindre le plus haut bouton de l'ascenseur dans le hall de l'hôtel. J'avais sept ans et mon frère commençait à me dépasser. Alors, j'ai grimpé sur le cendrier rempli de sable. Mon frère m'a imitée et ce qui devait arriver arriva : une folle atmosphère de savane.

Les événements lui reviennent par bribes, nos finesses et nos mauvais coups. Et puis ses petits-enfants sont devenus l'un de ses sujets de conversation préférés. Elle collectionne leurs photos et leurs bons mots. Elle a toujours une petite surprise pour eux et, bien entendu, des friandises choisies en fonction des préférences de chacun.

Avec Louis, Julia et la petite Florence, nés tous les trois au moment où l'horloge allait sonner sept coups, c'est un peu différent. Ils ont le même traitement, mais leur arrivée a fait naître des regrets. Elle craint de ne pas avoir assez de temps pour les connaître. Elle ne se sent plus autant de force pour les soulever et les garder. Elle m'a même dit un jour, un sanglot dans la voix qu'elle se demandait s'ils auraient le temps de la connaître suffisamment pour se souvenir d'elle plus tard.

Ces trois petits ont restreint son horizon. Ils ont aussi déclenché la triste sensation que le temps lui était dorénavant compté.

Ma mère, ma chérie

J'ai entendu dire un jour, que l'on pouvait devenir la mère de sa mère. Je pense que je suis prête.

J'ai éprouvé un malaise, récemment, alors que j'étais avec ma fille dans une grande surface. J'ai vu un joli maillot pour elle. Elle m'a dit, d'un ton un peu dubitatif : « Tu trouves que c'est mon genre ? » Je lui ai fait signe que oui, mais sa question m'a embarrassée. Il y avait peut-être eu un accent péremptoire dans mon ton, trop d'assurance dans mon attitude. J'ai réalisé que mon goût pesait lourd. Non pas qu'elle le conteste, au contraire. J'ai plutôt craint de prendre trop de place, et que mon choix s'impose, avant même qu'elle ait eu le temps de se faire une idée. Elle n'aurait probablement jamais remarqué ce petit maillot qui semblait fait pour elle. Mais moi, j'ai eu l'impression d'avoir quelque chose de la mère dominatrice, et cela m'a déplu.

Alors j'ai cru bon de lui dire que, maintenant, je me permettais de jouer à la mère et de faire des choix pour elle. Plus tard, c'est elle qui choisirait pour moi. Elle me conseillerait, me corrigerait, m'indiquant que je me suis trompée, que telle chose m'irait mieux. Elle n'avait rien dit à propos du maillot, sinon qu'elle était contente. Mais j'ai senti que cette perspective d'être un jour une mère pour moi a fait entrer ce maillot dans notre histoire.

Je ne sais pas quand un tel rapport s'est institué entre ma mère et moi. Et ce n'est sans doute pas tant à propos de ses tenues. Elle a un goût sûr et elle est toujours élégante. C'est pour d'autres choses, difficiles à nommer parce qu'elles sont presque imperceptibles. Une attitude à adopter à l'égard d'une amie, une idée de cadeau, le choix d'un tapis, je ne sais. Mais je sens bien que mon opinion compte et qu'elle ne fait pas semblant de me consulter. Il y a quelques années encore, elle dosait avis et opinions que je dispensais allègrement, parfois à l'emporte-pièce. J'avais peut-être encore des comptes à régler avec elle. Je pense que j'ai changé. Nous nous sommes ajustées l'une à l'autre. Son écoute n'est plus la même. Elle me fait sentir qu'elle tient à ce que je lui parle franchement, sans ménagement. Comme seules une mère et sa fille peuvent le faire.

Parce que ce sont
ses porte-bonheur ?

Une passion dévorante

Si je me rappelle bien, notre perruche n'avait jamais porté de nom et était restée insensible à toutes nos tentatives de lui apprendre le moindre mot qui vaille. En revanche, notre analphabète s'était prise de passion pour la géographie, si bien que maman, toujours soucieuse du bien-être de chacun, avait obligeamment placé sa cage juste à côté d'un globe terrestre, qui tenait aussi lieu de lampe. La nuit venue, l'oiseau s'imaginait alors en train de voler au-dessus des minuscules continents illuminés, sans doute à la recherche de ses lointaines origines exotiques. Quelle ne fut donc pas notre surprise de constater par un beau matin, que prise d'un appétit inexpliqué, notre perruche avait picoré et rayé de la carte une bonne partie de l'Amérique du Nord et presque toute l'Afrique équatoriale !

HÉLÈNE POISSANT

Ma mère

ISABELLE POISSANT

À Laurence, Léonard, Florence et Godefroy

De nos vies antérieures, nous savons bien peu de choses. Pourquoi cette sagesse ancestrale nous est-elle inaccessible ? Un sage raconte que les âmes savent tout des épreuves qui les attendent dans leur existence future, mais les oublient dès leur naissance parce que leur fardeau serait intolérable.

Peut-être en est-il de notre passé comme de notre futur ? Certes, on peut nous apprendre les grandes dates qui ont marqué l'histoire de l'humanité, les règles du catéchisme et même... à nous brosser les dents. Pourtant, pour un nouvel être, tout est toujours à éprouver pour la première fois. Pour la première fois rire et sourire, pour la première fois être amoureux, pour la première fois pleurer. Tout cela ne s'apprend pas. Et que serait la vie, si elle n'était constituée que des choses qui s'enseignent ? Naître vierge. Pour encore et encore s'ébahir devant une fleur, un oiseau qui chante, un coucher de soleil. Peut-être.

Il reste que moi, je sais. Je sais un certain nombre de choses de ma vie passée. Est-ce une chance ? Une malchance ?

Le temps chinois

C'est à Haiyang, sur la route de la Mandchourie qui longe la mer, que j'ai vécu. Pas la peine de chercher. Depuis 1949, telle une personne qui aurait trop honte de ce qui lui est arrivé, Haiyang se fait plutôt connaître sous un nom que l'on se murmure comme un secret au creux de l'oreille : Shanhaiguan. Chinois et Japonais se sont disputé cette toute petite ville du nord de la Chine pendant des siècles, si bien que dans l'espoir d'effacer les traces de sa sanglante histoire, elle a changé d'identité et ne figure plus sur aucune carte du monde. Ça me fait tout drôle de penser que je viens d'un endroit qui n'existe pas. Effacé comme ma mémoire que j'essaye maintenant de faire revivre.

Personne ne peut s'imaginer combien, à l'époque, l'univers était petit à Haiyang. Il n'y avait pas de route conduisant à une ville voisine, pas de téléphone, pas de télévision. J'aurais voulu m'échapper dans la lecture, élever mon âme en écoutant de la musique ? Il n'y avait pas de livre qui aurait pu me permettre de lire les hommes des siècles passés, pas de disque qui aurait pu me faire entendre un air de guitare. Pas de voyage possible dans l'espace, pas plus que dans le temps. La culture voyageait à la manière capricieuse du pollen et ma récolte était maigre.

À la vérité, en excluant quelques nobles, quelques grands aventuriers, ou quelques égarés de l'esprit, pour le commun des mortels, le monde tenait dans la distance qui pouvait se parcourir à pied, soit quelques kilomètres, aussi bien dire un dé à coudre.

Dans mon dé à coudre, il y avait mon père et ma mère. J'ai probablement aussi eu des frères et des sœurs. Mais cela mourait et naissait tellement que personne n'aurait pensé en faire une histoire. Mes parents ne pouvaient d'ailleurs pas s'attarder à cela : «ces drôles de Japonais» perdaient en effet chaque hiver la moitié de leurs canards. Tous les Chinois élevaient des brebis à

Haiyang. Mais mes parents nouvellement arrivés du Japon n'étaient pas comme les autres, et malgré le climat qui rendait impropre l'élevage de volatiles, ils s'entêtaient.

Le soir, mon père ramassait les corps froids et rigides des oiseaux, cherchant, avec ma mère, une solution qui eût pu mettre fin à ce carnage. On les voyait aller côte à côte, elle qui n'avait plus rien de la mousmé avec ses grossesses répétées et lui, vieux de ses trente-cinq ans, les habits tout parsemés de plumes qu'il chassait, en soufflant dessus du bout des lèvres. Leur échange était court et rythmé comme leurs pas, on aurait dit un haïku. Jamais ils ne prononçaient un mot de trop, jamais n'émettaient une seule idée qui n'eût trouvé son sens immédiat.

Je compris que tout allait vraiment mal quand je surpris mes parents dérogeant à la règle de leur échange. Cette année-là, je venais de perdre mon dernier frère. Je devins l'enfant unique, le seul survivant... Roi de mon nouvel univers, je me sentais coupable d'avoir survécu et j'anticipais le jour où je devrais payer mon tribut à cette grâce. Ce qui ne tarda pas...

Derrière son air candide, ma mère avait la cautèle orientale et des ruses se cachaient à chacune de ses pattes-d'oie. Quand elle allait vendre ce qui lui restait de canards vivants au marché, lieu de ses rares chuchoteries, la petite voix toute fièrement maternelle, elle confiait aux autres marchandes : «Il a le signe.» Ce qui signifiait tout simplement qu'elle prétendait reconnaître en moi la sagesse des grands lamas. Ah, ces mères !

Un soir que la bise hivernale était particulièrement lugubre, ma mère convainquit mon père de ma vocation et, dès le lendemain, il me conduisit au monastère tout au haut de la montagne, là où aucun être humain n'aurait voulu s'établir sinon quelques moines qui précisément ne souhaitaient pas en rencontrer. Personne ne m'avait consulté et je ne comprenais pas pourquoi mes parents m'abandonnaient. Pourtant, docile, je ne dis mot.

Un moine me montra ma cellule et m'apporta une couchette de bois où je devais dormir. J'hésitai à déterminer si elle était plus grande que le berceau ou le cercueil où j'avais vu tant de mes frères naître et mourir.

Et c'est là-dedans que tout recroquevillé, plus mort que vif, je passai ma première nuit au monastère. Et la deuxième et la troisième, et l'été et l'automne et l'hiver…

Je m'astreignais au jeûne sans rechigner. Je passais des heures en confinement sans rouspéter. Je subissais les coups de cordes tressées sans gémir. Je confondais tous les moines. On était enchanté. On me vénérait. J'affichais constamment ce sourire si typique de bien-être, celui auquel on reconnaît les grands sages. Pourtant, je ne souhaitais pas plus être moine que d'être essorillé : je n'avais que sept ans ! Et tandis que des vieillards tout sérieux me prodiguaient les lois de la sagesse, mon petit être obscur se tournait naturellement vers la seule chose qui me sauvait de ma souffrance : ma mère.

C'est à elle que je pensais quand je me repliais sur moi-même la nuit dans ma cellule, sa voix que je substituais aux bruits de la corde qui sanglait ma peau, son image que je collais sur tous les visages austères qui m'entouraient.

Après un an de ce régime, amaigri et malheureux, je fis voler un bout de ma soutane par l'ouverture de ma cellule comme un naufragé au milieu de l'océan dans un dernier espoir. Mais ma mère ne vint pas à mon secours et après quelques jours, je mis mes drapeaux en berne.

Si elle ne venait pas à moi, c'est moi qui irais la rejoindre. Je n'avais qu'à m'évader. S'il est vrai que la foi ébranle les montagnes, l'amour que j'avais pour ma mère saurait surmonter tous les obstacles.

Du haut de la montagne, la nuit me sembla très grande. Je ne l'avais pas souvent vue et je compris alors pourquoi les moines refusaient la lumière. Sa réflexion sur les objets rendait la vie plus petite. La nuit, c'était

comme l'océan. Mais moi, j'étais petit. Et tout ce que je souhaitais c'était de retrouver ma maison. Il fallait redescendre la montagne. Mais dans quelle direction? Y a-t-il une boussole du cœur pour les enfants perdus? Une mappemonde de l'amour? Maman! Les loups, dit-on, aboient à la lune. J'étais à moi seul, une meute.

L'hiver suivant mon départ, le mercure avait descendu à chaque jour de quelques degrés, et l'on désespérait de voir s'arrêter sa chute. Mon père et ma mère, souffrant de malnutrition et tout amaigris, avaient attrapé un sale microbe assez fort pour les emporter tous les deux en même temps. Quand je rentrai à la maison, je vis tout de suite la grandeur inouïe de l'absence. L'unique pièce de notre gîte me semblait tellement plus vaste que de coutume que je la parcourus plusieurs fois comme si je n'y étais jamais venu. C'est là que je découvris le journal de ma mère.

Pas une seule fois ma mère n'avait pensé que je voulais vivre loin d'elle dans un monastère. Pas une seule fois elle n'avait pensé que j'avais un signe qui me destinait à la vie monastique. Elle avait poussé plus haut l'unique fils qui lui restait, elle l'avait porté à bout d'âme vers la vie. Le reste, sa façon à elle d'y parvenir, cette rumeur qu'elle avait fait courir sur moi pour qu'on m'admît au monastère, tout cela, c'était ses petites ruses de maman, sa façon de me tricoter un nouveau destin, sa bienveillance à elle. Seule une mère était capable de tant de sacrifices.

Ma mère morte. Souvenir de glace froide, coupante, que rien ni personne, je le jure, ne viendra réchauffer.

J'avais huit ans. Peut-être neuf. Et je n'avais plus de parents. Plus personne au monde. On parvenait difficilement à nourrir sa propre famille, alors à mon approche, les gens me fuyaient de peur que je leur quémande de quoi manger. À ma vue, les étrangers se sauvaient comme si sur mon visage étaient inscrites toutes les épidémies de peste que l'humanité avait comptées. Mes anciens amis avaient tous reçu la consigne de ne plus m'adresser la parole. J'avais cessé d'exister.

L'enfant est l'enfant d'une maman. Il est comme une préposition, une lettre apostrophe, un «l». À qui allais-je m'accrocher, moi? Contre qui allais-je me blottir la nuit? Qui allait m'aimer si je devenais vil? Je ne pouvais pas vivre sans ma mère. Elle me nourrissait! Le désert à côté de ça m'aurait semblé une oasis. J'étais épuisé, j'avais froid, j'étais affamé de ma mère. C'est dans cet état de transe que je me rappelai la loi de la réincarnation que les moines m'avaient enseignée au monastère. Ma mère était en attente d'une autre vie. Il ne me restait plus qu'à aller la rejoindre!

J'ai volontairement menti quand j'ai dit que je n'avais plus aucun ami. Je voulais donner la mesure de mon immense souffrance. Si j'avais avoué que j'avais un ami, on eût cru que j'étais moins malheureux. Ce que pour rien au monde, je n'aimerais laisser entendre de peur d'entacher le souvenir de ma mère.

Un ami, j'en avais un. Je lui confiai mon malheur et mon dessein. Il me dit tout ce qu'il savait. Avant de reprendre une nouvelle vie, les gens devenaient très froids. Même ceux qui meurent au soleil. Je conclus donc que pour revoir ma mère, il fallait à mon tour que je devienne froid. Mon ami, qui n'était pas heureux de son sort, me dit qu'il m'accompagnerait dans la mort et me promit de faire le voyage avec moi pour que je sois moins seul. Il me mena à la rivière recouverte d'une bonne couche de glace. Je lui demandai de signer un pacte avec moi que je baptisai solennellement «le pacte de la rivière». Une simple encoche sur un arbre. Rien de bien original mais l'originalité ne m'était plus d'aucune utilité. Je voulus aussi qu'on inscrive la date mais nous ne la connaissions ni l'un ni l'autre avec certitude et cela donna lieu à une longue dispute. On argumenta. Finalement, on décida d'un commun accord qu'on inscrirait «le premier février mille neuf cent». Comme fait historique, tout cela est à peu près certain, sauf pour le jour, le mois et l'année. Mais de cela, nous nous en fichions éperdument. Nous étions des enfants.

Je pris soin d'enlever mes petites chaussures, m'attachai une pierre au pied et je pratiquai dans la glace un trou assez large pour m'y glisser. Je ne dis pas que je n'aurais pas aimé en sortir une fois là. Mais il était trop tard. Je devins froid-mort en criant ciseau !

Mon ami, mon pleutre et traître ami, m'avait laissé mourir seul. Il aperçut ma silhouette figée dans la glace, j'avais encore ce sourire, rictus mortel. J'étais un enfant mort sans aucune mère pour le pleurer. Comme une petite branche sans tronc d'arbre. Un pétale sans tige. Qui aurait l'idée de pleurer une

pauvre petite branche ? Pour l'arbre oui… on voit bien la cicatrice, on voit que le tronc a perdu quelque chose mais pour la branche que l'on croise sur le chemin, qui s'émeut ?

— Ils sont encore propres et de bonne taille, dit mon ami en prenant mes souliers.

Ce sont ces mots qui me servirent de dernier hommage.

Le temps de l'attente

Tout de suite après la mort de mon corps, mon âme s'échappa. Et je me retrouvai à la transmigration des âmes, le lieu où tous les gens qui sont encore dans le cycle des renaissances attendent une enveloppe charnelle dans laquelle ils pourront s'incarner le temps d'une nouvelle vie.

Je me mis aussitôt à chercher ma mère. Mais elle n'y était pas ! Je demandai à tout le monde s'ils n'avaient pas vu une mère chinoise quelque part ? Fraîchement morte ? Gentille ? Personne ne l'avait vue.

J'étais donc mort pour rien ! J'avais fait tout ce voyage pour arriver dans un endroit qui, sans elle, m'effrayait plus que tout !

Je cherchai à me réfugier dans un coin. Mais je me rendis très rapidement compte que, là où j'étais, il n'y avait plus d'endroit pour se cacher de personne. On m'avait octroyé un petit espace, recréant la vie sur terre, avec les objets qui me semblaient le plus familier : une couche, une petite table et deux chaises, au cas où me viendrait l'envie de me lier d'amitié avec quelqu'un d'ici ou, au contraire, pour faire chaque jour peser sur moi le poids de l'extrême solitude dans laquelle l'absence de ma mère m'avait laissé. Et même si je ne mangeais pas, on poussait même l'audace jusqu'à m'offrir deux assiettées.

Pour moi, pour elle.

On ne me servait rien qui puisse nourrir mon corps, on me servait une leçon.

Trois jours après mon arrivée, je compris que je me retrouvais dans un lieu qui m'était totalement étranger avec des gens que je ne connaissais pas. Certains semblaient être là depuis des milliers et des milliers d'années, de vieux croûtons, des potiches, aussi bien dire tous les laissés-pour-compte du monde.

Combien de temps resterais-je ici ? Que devais-je donc faire de ces heures ?

Mon âme flottait, j'étais libéré de toute obligation matérielle, je n'éprouvais aucun besoin. Mais il me restait encore un désir, ce qui expliquait ma présence en ces lieux. Car seuls ceux qui n'ont plus le moindre petit désir échappent à la réincarnation. Ils sont enfin sauvés. Ils ne sont plus obligés de vivre encore une fois. C'était sans doute ce qui était arrivé à ma mère. Elle avait atteint cet état de perfection et d'unicité. Et je ne m'en étais même pas rendu compte ! Ou bien était-ce plutôt le destin qui avait voulu que son âme transmigre dès sa mort dans un autre corps sans passer par ici ? C'était une autre possibilité.

Je me mis tout naturellement à réfléchir à la vie. Y avait-il quelque chose de comparable à l'amour d'une mère ? Du temps où je vivais, j'avais eu des frères, des sœurs, un père et des amis. Sur qui peut-on vraiment compter ? En tout temps ? Même quand notre propre gentillesse défaille ? Même quand on commet les pires larcins ? Qu'on est laid ? Franchement détestable ? Odieux ?

À chacune de mes questions, je rayai un à un la plupart des gens que j'avais connus. Toutes mes pensées convergèrent vers une unique personne : une mère.

Ma mère.

Je ne peux toujours pas comprendre que, vivant à ses côtés dans ce qui nous avait été prêté de temps commun, je n'avais jamais pu lui dire combien je l'aimais.

Était-ce l'indolence de l'enfance ?

Après tout, je n'avais pas même dix ans quand je l'ai quittée.

Mais non, ce n'est pas une excuse et le temps est venu pour moi de dire la vérité.

Je n'ai apprécié les plus belles choses de ma vie qu'une fois qu'elles m'ont échappé.

Dans ma vie chinoise, j'avais eu à mes pieds les plus hautes montagnes du monde et je ne les avais pas vues ! Ma mère, je ne l'avais pas plus appréciée que mon pouls. Et pourtant, tout comme lui, elle était le signe de ma vie. Je me fis une promesse : si jamais le sort voulait que je retrouve ma mère, je n'attendrais pas une seconde pour lui dire combien je l'aimais.

Je me mis à chercher la mère de ma vie.

Et tant pis si cela devait attendre l'éternité ! J'en ai vu passer de toutes les sortes, des mères. Certaines avaient l'air gentilles et certaines lui ressemblaient même un peu. Mais l'angoisse me prenait à la gorge. Je ne voulais surtout pas me tromper et passer ma vie avec la mauvaise personne. Quelqu'un m'avait dit qu'il y avait des mères

méchantes et cruelles. Ouf! Je voyais bien que les gens là-bas, – je veux dire sur terre –, mettaient un temps fou avant de se choisir un mari ou une femme. Alors, quand vient le temps de choisir une mère! En plus, j'avais appris qu'une mère a une influence déterminante sur ses enfants. Enfin, on en a causé ici pendant quelques années, depuis le début du siècle en vérité. Des échos d'en bas.

Je m'ennuie d'une mère… je m'ennuie à mourir de ça. Et l'éternité ici c'est tellement long, tellement ennuyant. Souvent je pensai que j'allais craquer et sauter sur la première mère d'occasion. Mais je finissais toujours par me raisonner. Et puis, un jour il y eut du nouveau. Qui vis-je apparaître ? Mon ami chinois de la rivière. Je l'accueillis à bras ouverts. Cela me fit tellement plaisir, ces retrouvailles dans l'au-delà! Nous fêtâmes son arrivée toute la nuit ! En bons petits Chinois !

En bas, tout allait mal. Les gens se tiraient dessus de partout. C'était encore pire que dans la Chine du temps où je vivais. Mon ami m'avait dit que c'était la Première Guerre mondiale et qu'il me faudrait patienter encore un peu avant d'y retourner si je ne voulais pas revivre encore une fois la même expérience. Encore une fois perdre ma mère, ça, je n'aurais pu le supporter. Je m'habituai doucement à ma vie d'ici. J'avais vu plein de gens arriver et d'autres partir. Mais j'avais ma bande, ceux qui faisaient la fine bouche comme moi avant de se faire reprendre au joli piège de la vie.

Les années passaient. Parfois je me demandais si je reverrais un jour ma mère. Parfois ma confiance était ébranlée. Si je devais ne plus jamais connaître cet amour ? Un jour, mon ami m'apprit que la guerre était finie et que nous devions songer à regarder en bas.

Nous sommes en 1926.

Sur la planète, vingt-sept millions de personnes sont abonnées au téléphone. Le 27 janvier de cette année-là, l'Écossais John Logie Baird présente un appareil qui retransmet l'image. Le 4 juillet, à Weimar, Hitler dirige le premier congrès des nazis. Ce matin-là, debout dans sa Mercedes, il passe en revue un défilé de cinq mille personnes qu'il salue pour la première fois avec le bras tendu, adoptant le salut fasciste de Mussolini. En France, tout le monde danse le charleston. Et le 1er avril, dans une petite chambre qui donne sur un jardin montréalais, une petite fille naît. Sa mère veut l'appeler France mais son père s'objecte : on ne donne pas à sa fille un nom de pays, tout de même !

Je l'ai revue aujourd'hui. C'est une petite brunette. J'ai eu le cœur tout chaviré. J'ai tout de suite prévenu mon ami. Je lui ai dit que je pensais que ça y était. Il était très excité lui aussi et m'a promis qu'il m'aiderait à trouver tous les renseignements possibles sur elle. Je peux compter sur lui, avec sa tête de cafard chinois, il sera bon pour l'investigation. Pour l'instant, je sais déjà de petites choses d'elle. Elle s'appelle Florence. Elle a de grands yeux d'un bleu absolument chavirant. Moi, je n'en ai jamais vu de pareils ! Ça grouille de vie autour d'elle. Elle est pleine de frères et sœurs : Denise, Raymonde, Maurice, Hubert, André et Richard.

Son père s'appelle Georges et sa mère, Florence, comme elle. Ils sont tous un peu entassés dans une maison que Georges a construite de ses propres mains pour y loger toute sa famille. C'est sur la rue Louis-Hémon dans le tout nouveau quartier de Rosemont. Je doute un peu que ce soit ma mère puisqu'il me semble qu'elle se serait plutôt installée dans le quartier chinois, plus au sud dans la ville. Là, où elle aurait été plus en pays de connaissance.

Peut-être que je ne la connaissais pas si bien que cela finalement. Peut-être était-elle beaucoup plus aventu-rière qu'elle ne me le semblait ? Vous savez comme une mère nous semble immuable ? Comme une mère nous semble à peine une femme ? Changer de vie, changer de corps, changer de pays, de nationalité, d'identité. Voulait-elle fausser les cartes ? Se rendre difficile à repérer ?

Peut-être suis-je tout simplement comme un amoureux qui, par son désir, me la fait reconnaître dans toutes les filles que j'aperçois ? Et pourtant... quelque chose me dit que c'est peut-être elle. Allons-y prudemment. Observons la petite. Elle fera certainement un signe qui ne trompera pas.

Georges, le père, conduit une Harley-Davidson et amène souvent ses filles les plus vieilles avec lui. Il vient de la campagne mais je pense qu'il n'a pas froid aux yeux et qu'avec ses cheveux roux et son air de myope, il a un sacré goût de l'aventure. Construire une maison, tout de même ! La mère, malgré ses bonnes rondeurs, a l'air de flotter légèrement sur le monde. Un peu perdue dans toute cette marmaille. Elle a des fous rires mais pleure aussi facilement et peut bouder pendant des jours. C'est un drôle de couple. Et les enfants sont encore plus drôles ! Ils se crient des noms à n'en plus finir. Des noms que je n'ai jamais entendus. Parfois les sobriquets volent au-dessus de la tête de leur mère qui épluche rêveusement les légumes, des sobriquets comme des flèches. Il y en a un qui se fait traiter de «restant de fausse couche» parce que sa mère, un an, jour pour jour avant sa naissance, avait perdu un bébé. Un restant de fausse couche! Ce n'est pas beaucoup! Aussi, l'autre jour, j'en ai entendu un qui appelait l'autre «consomption». Ma Florence, on l'appelle parfois «yeux blancs». Le plus jeune, lui, c'est «Richette» parce que c'est le petit chouchou à sa maman et qu'il a une santé fragile. Un jour de fête, il y a un petit cochon de lait dans le four et les plus vieux font croire aux plus jeunes que c'est Richette qu'on fait dorer pour mieux le savourer! Ah, je ne savais pas que cela se faisait en dehors de ma Chine! Du Richette laqué! Tu parles d'une bonne plaisanterie! Mon ami et moi, nous avons ri pendant des jours à s'en fendre la rate!

Ma Florence à moi a l'air d'aimer son père. Et il le lui rend bien, à ce que je vois. Je me demande même si ce n'est pas sa petite favorite à lui. Elle l'accompagne souvent au marché où il y a des légumes, des lapins, des poules. Le marché Jean-Talon. Ils marchent jusque-là tous les deux. Elle est si mignonne avec ses longues tresses et ses joues rebondies. Et elle adore ces balades avec son père. Une fois, de retour du marché, elle veut lui faire plaisir et elle lui fait une tarte. Il lui dit que c'est la meilleure tarte qu'il a mangée de sa vie. Ils savent tous les deux que la tarte est ratée mais n'en disent rien. Ils se passent comme ça des secrets, des clins d'œil d'amour du père à la fille.

Ils ne pataugent peut-être pas dans l'argent, mais ils ne sont pas les seuls, même que c'est plutôt la norme. Apparemment, c'est la Grande Dépression en bas. Après la Grande Guerre. Je ne sais pas ce que ça veut dire, mais je comprends que ça n'a pas l'air spécialement rigolo. Pas une petite, une grande dépression. On dit que les temps sont difficiles. Qui aurait envie d'être parachuté là? Pas moi, en tout cas. La pauvreté des autres me rendrait trop triste.

Riche pas riche, quand j'y pense, tout cela est bien relatif. Je vois bien que la famille de Florence est bien plus riche que certaines familles du bas de la ville qui crèvent de faim. Mais j'ai aussi vu des gens, plus chanceux, qui habitent d'immenses maisons à flanc d'une montagne, qui promènent leur bébé dans des landaus bordés de dentelle et qui donnent de somptueuses réceptions ! De toute façon, ma Florence a l'air parfaitement heureuse de son sort : la table est toujours pleine, le jardin derrière la maison déborde de tomates, de concombres, de pommes de terre, de navets, de melons, il y a même jusqu'à du tabac. Alors, même si de temps en temps, elle part pour l'école avec une jupe un peu courte et le manteau de sa sœur aînée, elle n'en conçoit pas le moindre chagrin. Elle a trop de fierté pour s'arrêter à des détails d'une telle trivialité ! En plus, elle est brillante ; elle est bonne à l'école et elle plaît à tout le monde. Souvent, pour les soirées de fin d'année, c'est elle qui est choisie parmi toutes les filles pour dire le gentil boniment aux parents. Je crois que c'est de la bonne graine, cette petite fille. Et je me croise les doigts pour qu'il ne lui arrive rien de fâcheux. Qui sait ? C'cst peut-être elle.

Décidément, mon intuition ne me trompe probablement pas. Elle a toujours eu plein de trucs dans les poches, ma mère… Oh non ! Je pense qu'il vaut peut-être mieux que je ne répète à personne ce qu'elle fait. En cachette. Elle se ferait peut-être gronder. Mais la langue me brûle : je suis épris d'elle. Tant pis, je vais de ce pas le raconter à mon ami, je vais bien voir ce qu'il en pense, lui. «Figure-toi, mon ami, que je l'ai surprise en train de faire bouillir des vers de terre dans la marmite à pommes de terre !» Comment ce geste

pourrait-il déterminer mon propre caractère ? Je ne le sais pas encore. Mais je le prends en note, car il me semble intuitivement qu'il pourrait déteindre sur moi.

Si tu l'avais vue ! Ce qu'elle pouvait rire en les voyant se tortiller dans l'eau chaude ! Et puis, elle a aussi mis des mouches dans de petits pots qu'elle referme bien soigneusement, de sorte qu'elles ne puissent pas respirer le moindre filet d'air. Elle les observe jusqu'à ce qu'elles rendent leur dernier bourdonnement, leur dernier coup d'aile. Elle s'amuse d'un rien. Un vulgaire ver de terre peut facilement remplacer les ridicules petits services de thé en porcelaine qu'elle n'a pas. Mon ami est épaté. Il la trouve carrément renversante, ma Florence. Même que je vois dans son œil une manière d'envie. Lui, il n'a pas encore trouvé de mère à venir.

«Tu sais, mon ami, quand tu reconnais la personne qui t'est destinée. Quand tu la reconnais à une façon qu'elle a de plisser les yeux, à une façon qu'elle a de murmurer… Tu sais de quoi je parle, non ? Eh bien, je l'ai reconnue.» La voilà enfin : ma mère a pris le charmant visage de cette petite Florence. Personne ne s'en doute. À part moi. C'est formidable, elle me porte déjà en elle des années à l'avance, sans même le savoir… «S'il te plaît, mon ami, aide-moi à prendre soin d'elle, elle est la prunelle de mes yeux !»

Intrépide ? Florence n'a que faire des bicyclettes, des patins, des skis… Elle déteste s'élancer, culbuter et sauter. Elle n'aime rien qui la dépense de la sorte. Elle est brave pourtant. L'autre jour, un garçon lui a demandé de monter sur le guidon de sa bicyclette et ils sont partis tous les deux à l'aventure. Je n'aime pas ce garçon. Il a l'air d'un imbécile. Heureusement, nous tombons d'accord. Elle le menace de mettre son pied dans les rayons de la roue s'il ne s'arrête pas. Et elle ne tarde pas à le faire. Elle rentre à la maison le pied en bouillie mais au moins, elle a tenu son bout. Qu'est-ce que je disais, elle a du caractère à en revendre !

En bas, ça vient de recommencer. Bientôt, la terre entière s'y met. La France, l'Angleterre, l'URSS, les États-Unis, le Japon. C'est la Deuxième Guerre mondiale. Les camps de concentration, les exterminations, Hiroshima, ce qui se fait là-bas ne se raconte pas. J'ai la frousse. Ce n'est pas très avouable mais je pense surtout à moi. S'il fallait que cette guerre s'éternise, qu'arriverait-il à Florence ? Son frère Maurice s'est déjà enrôlé. Il s'est rendu en Islande. Personne dans la famille n'a idée d'où ce pays peut se trouver sur la planète. Et puis, il n'est pas le seul à être parti. Ils partent par milliers. Et Florence, bientôt, elle sera presque en âge. Que ferai-je donc de mes plans, s'il n'y a plus d'hommes à marier ?

Ma Florence a quatorze ans et pour la première fois son cœur d'adolescente palpite pour un garçon de son âge. Elle a l'élan de la jeunesse. Il serait laid qu'elle le trouverait roi de beauté. Elle aime sa bouche. Elle aime ses cheveux. Elle aime ses yeux. Elle aime ses bras, ses pieds, ses mains. Elle l'aime tout court. Qu'il soit gentil ou pas n'a aucune importance. À quatorze ans, Florence s'émeut de s'émouvoir. Ma foi, elle ne se voit plus de la même façon dans le miroir. Depuis qu'elle connaît le mot « plaire », elle veut le décliner à tous les temps, à la pluie, au soleil, coiffée comme ceci ou comme cela, dans une nouvelle robe à pois, ou couverte d'un chapeau dernier cri. Bientôt, elle a une cour autour d'elle. Je ne suis pas le seul à comprendre qu'ils ne sont pas faits pour elle. Je sais même que si elle choisit l'un de ses prétendants, je n'adviendrai pas. Ce sera plus qu'une peine d'amour éternelle, cela signera ma non-venue au monde. Quand je la vois avec l'un ou l'autre, je vois l'addition de deux êtres dont la somme dessine un parfait zéro, une manière de vide, et la nature, n'est-ce pas, a horreur du vide ? Ce qui m'arrive, c'est bien pire que d'imaginer ma propre mort. C'est imaginer que par un concours de circonstances stupides, à cause de l'entichement d'une jeune fille aveuglée par les premiers frissons de ce qu'elle confond avec l'amour, je ne naîtrais même pas. Qu'est-ce que je pourrais faire pour naître ? Pour téléguider ses sentiments ? Comment influencer le cours de l'histoire ? De mon paradis ? Cela me semble poser des problèmes de logistique effarants. Mais il faut absolument que je trouve un moyen, car si elle marie Pierre, Gérard, ou un autre de ces dadais qui tournent autour, moi je croupis ici pendant des siècles !

Et puis voilà, elle ne sait pas pourquoi mais, un après-midi, elle a soudainement envie de vacances. Même qu'une fois qu'elle y a pensé, cela s'impose comme un impératif. Elle ne sait pas où elle pourrait bien aller. Elle explore plusieurs possibilités, des distances à parcourir, des prix. Elle pèse tout cela patiemment sans savoir que cela déterminera le reste de son existence. Mais moi, je ne veux pas me manquer ! On me joue à la roulette russe. C'est extrêmement énervant. Un suspense indescriptible ! Je ne me croise plus seulement les doigts, mon corps se tresse. Pourvu qu'elle prenne la bonne décision !

J'ai aperçu l'autre partie de la souche de mon être. On l'appelle Albert. Pour faire court. Parce que son nom, c'est Charles-Albert. Et il s'en va en vacances. Lui aussi. Il demande à sa tante, la supplie sur tous les tons de faire des prières pour qu'il rencontre une fille et ajoute, gourmand, qu'il n'aurait rien contre si, en plus, elle était jolie. Lui, il ne prend pas de risque avec le bonheur, encore moins avec le bon Dieu. Il en demande toujours un peu plus que ce qu'il souhaite vraiment obtenir. C'est un homme d'affaires. Et quand vient l'heure de négocier des faveurs, il ne révèle pas d'emblée toutes ses secrètes couleurs. Il n'annonce jamais son contentement plancher. Pourquoi pas ? Eh bien, sa tante a fait les prières et je les ai entendues. C'est comme ça que moi j'ai eu, pour la première fois, vent de lui. Constatant ma nervosité, mon ami s'est aussitôt offert pour aller voir du côté de Charles-Albert. Pour s'assurer qu'il a bon genre. Je ne voudrais pas que sous la gouverne de mon indomptable impatience, ma Florence se déplace si cela n'en vaut pas la peine.

Il vient lui aussi d'une famille où il y a plein d'enfants : Marie-Claire, Louis, Laurent, Madeleine, Raymonde, Cécile et Irène. Il étudie dans une institution très sérieuse qui s'appelle l'École des hautes études commerciales. Il a le front littéralement bombé d'idéal ; il fait sa prière tous les matins et il a un grand sourire qui dévoile une rangée de dents toutes prêtes, comme de costauds soldats blancs, à mordre dans la vie. Avec ça comme atouts, je crois qu'il a des chances de lui plaire. Parce que je sais qu'elle cherche un bon parti. Quelqu'un avec qui elle pourrait me faire, moi ! Je crois que le programme de mon destin va bientôt commencer.

Pour peu, je mangerais des cerises et cracherais mes noyaux en bas! Pluie de mon allégresse. Pourvu qu'il n'y ait pas de troisième guerre mondiale avant que j'arrive!

Elle. Prépare ses valises en sifflant, embrasse son père et sa mère. Insouciante, elle ne sait pas ce qui l'attend. Elle est sur la galerie de la maison. Tout le monde la salue. Et la voilà qui pose ses valises. Je plisse le front : mais qu'est-ce qu'elle fait là? Elle va manquer le train si elle s'attarde encore. Oh! non, ne me dis pas qu'elle a peur de s'ennuyer de sa famille! Tout de même, elle a vingt-trois ans! Il faudra bien qu'un jour ou l'autre elle la quitte. Surtout, bon Dieu, si elle veut m'avoir sans être fille-mère. Je cours dans tous les sens ; je zigzague entre les nuages ; je m'affole. Je jure que je ferai battre le tonnerre, éclater les éclairs et que je déclencherai des crues d'eau si elle n'y va pas.

Elle réfléchit. Elle s'écoute. Elle entend une voix qui lui dit d'y aller. Elle ne le sait pas, mais la petite voix qu'elle entend, c'est moi. Moi, conjugué à tout l'espoir de Charles-Albert et aux prières de sa tante, nous parvenons à la faire dévier. Elle ira. Je n'ose pas penser à ce qui arriverait si elle restait à la maison. Tout ce qui est arrivé après cet instant d'hésitation ne serait pas arrivé. Des promesses d'être. Louise, Marc-André, Hélène, moi et tous nos petits-enfants : Laurence, Léonard, la petite Florence, Godefroy, Charles, Clara, Louis, Julia, toutes des versions adorables et différentes, déclinées en brun, en blond ou en roux, de ces deux-là. Comment imaginer qu'elle aurait pu refuser ces vacances-là?

Quand ils reviennent tous les deux, ils ont déjà des projets pour leur avenir. Ah, je le savais bien qu'ils étaient faits l'un pour l'autre! Ils sont si rapides qu'ils dépassent toutes mes espérances! En un rien de temps, il ouvre un compte de banque et accumule sou après sou le petit trésor qui lui permettra de marier sa douce moitié. Avec son salaire, elle fait la même chose. Ils se voient deux ou trois fois par semaine. Lundi, jeudi, vendredi. Ils ne dérogent pas à la règle des fréquentations avec ses jours déterminés. Parfois, quand il vient la visiter dans sa maison de la rue Louis-Hémon, il apporte de quoi étudier. Toutes ces colonnes de chiffres qui dansent sous ses yeux, toutes ces heures passées à s'échiner ont un sens plus grand maintenant qu'il la connaît. Il avait déjà un but, maintenant il a quelqu'un.

Bien vite, ils sont tellement riches qu'ils peuvent se marier. Il gagne dix-sept dollars par semaine ! Heureux, ils vont ensemble chercher le nid où ils passeront leurs premières années. Ils ont même de quoi acheter les meubles de leur appartement de la rue Boyer. Un logement pour deux ! Tant d'espace, tant de luxe ! A-t-on idée ! Florence fonce tout droit dans cet amour. Le jour de son mariage, elle quitte sa famille, déménage pour la première fois de sa vie, part en voyage. Et comme si ce n'était pas assez de bouleversement, au bout de quinze jours, elle est enceinte. Décidément, ce n'est pas une paresseuse comme d'autres filles que j'ai vues. Il faut dire que mon ami et moi avions tout prévu pour faire de ce voyage un moment inoubliable. Le jour du mariage, nous avons fait tomber sur eux nos confettis de bonheur : une pluie coquine qui les a suivis partout, si bien que quand ils sont rentrés, ils ne le savaient pas encore mais ils n'étaient plus deux, mais bien trois.

Florence doit faire des miracles avec l'argent que son tout nouveau mari rapporte. Pour lui, elle invente des recettes à deux sous. Elle fait une délicieuse sauce aux œufs, du blanc-manger. De trois petits légumes, elle compose une soupe. Il n'a jamais mangé autant de sa vie ! À côté d'elle, il se croit roi du monde en plein repas pantagruélique. Le festin d'Albert ! Ma gentille Florence achète une demi-douzaine d'oranges par semaine. Il en mange une par jour et s'en prive un jour. Le jour sans orange. Qu'à cela ne tienne, il sait lui aussi « qu'un jour viendra couleur d'orange ». Je le vois manger cette orange, symbole de richesse, sa manière à lui de fêter Noël tous les jours. À cette époque encore heureuse, une orange est un cadeau.

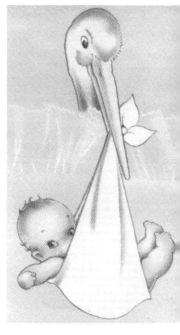

Neuf mois plus tard, au printemps 1952, Florence met au monde une petite fille. Quand Albert vient la voir, il dit que ce n'est pas grave, qu'elle va être intelligente et bien habillée. Que veut-il dire exactement ?

Au bout d'une semaine, Florence et le bébé sont toutes les deux prêtes à rentrer à la maison. Florence enfile le tailleur qu'elle a porté quelques mois plus tôt pour son voyage de noces. Un autre voyage l'attend. Le long et merveilleux voyage de la maternité. Albert, Florence et Louise rentrent au château. Deux mois plus tard, Florence pense qu'elle a encore quelqu'un dans le ventre. Elle appelle aussitôt le médecin. Il lui dit qu'elle est à nouveau enceinte. À ce moment précis, Louise, son bébé qu'elle a laissée sur la table de la salle à manger, roule sur elle-même pour la première fois et tombe. Quand Albert apprend qu'il sera de nouveau papa, il se sent si riche qu'il n'écoute que sa joie et achète un premier réfrigérateur !

Moi, j'attends patiemment mon tour. Serais-je le troisième ? Le quatrième ? Je ne connais pas le grand dessein. Mais je sais que pour rien au monde je n'arriverais comme un cheveu sur la soupe. Je veux que ma place dans la lignée de ses enfants soit capitale. Et si je ne suis pas irremplaçable, je tenterai d'être l'irremplacé. Ne dit-on pas que ce n'est pas le premier amour qui compte mais le dernier ?

Avec le nouveau printemps, Florence met au monde Marc-André. Il était tellement pressé de sortir, ce garçon, que Florence a dû s'asseoir sur sa petite valise pour qu'il ne tombe pas sur le carreau. « Oh ! s'exclame-t-elle quand elle l'aperçoit pour la première fois, il a le nez du docteur Guénette ! » Mon ami et moi sommes pensifs. Comment peut-on avoir le nez d'un autre ? Comment s'y est pris Marc-André qui était enfermé dans un ventre pour chiper le nez du médecin qui l'a mis au monde ? Il faudrait se méfier de lui. C'est un joueur de tours ! Un vilain garnement !

Florence est si fière de ses deux enfants. Elle fait de jolis boudins à sa poupée Louise ; elle pomponne son petit bébé Marc-André. Une fille, un garçon ; une tête blonde, une tête noire. Sa princesse, son petit prince, elle les transporte en carrosse et va souvent les montrer à sa mère chérie. C'est loin, mais elle irait au bout du monde. Ses pieds de vingt-sept ans ont des ailes. Quand elle va chez sa mère déjà vieillissante, elle en profite pour lui donner un coup de main. Elle fait la vaisselle, elle époussette les meubles, puis elle rentre, se fait belle et prépare le repas pour le retour d'Albert.

Bientôt, ils rêvent d'espace, d'air et de jardins où pourront courir les trois enfants. Florence sent, en effet, qu'une nouvelle vie grouille en elle. Avec un nouveau printemps : Hélène. Elle est si belle, elle a l'air d'un petit chat. Quand il la voit pour la première fois, Albert met le visage de sa nouvelle fille à côté de celui de sa femme. Elles se ressemblent.

Trois fois mère, Florence emménage dans sa nouvelle maison. Une maison toute neuve pour loger la famille ! Pendant ces années-là, leur bonheur est parfait. Tout ce qu'elle touche se transforme en vie. Il y a les enfants qui grandissent autour d'elle. Il y a le jardin, les haies de lilas, les bouleaux, les ormes sur tiges, les pommetiers à planter. Elle passe ses journées pieds nus, à voir à ce que tout pousse avec harmonie. Elle ne s'inquiète plus à cause des rues où les enfants pourraient se faire frapper ; elle ne s'inquiète pas à cause des balcons d'où ils pourraient tomber, n'a plus à dire aux enfants de faire attention pour ne pas déranger le propriétaire. Ils peuvent courir, taper du pied, s'agiter tant qu'ils le souhaitent. Pendant qu'elle jardine, sa petite Hélène dort à côté d'elle. Elle est tellement heureuse, la petite, qu'elle laisse sa mère vaquer à ses occupations, sans pleurer. Les deux plus vieux, Louise et Marc-André, courent d'un voisin à l'autre dans un périmètre symboliquement dessiné par elle. Elle ne leur a rien dit, mais ils savent bien où ce serait trop loin, trop loin du terrier, trop loin d'elle. Elle veille sur eux d'un œil distrait. Elle n'est pas inquiète, son univers est à sa mesure ; elle en connaît toutes les couleurs et les odeurs, et le moindre changement l'alerterait. Autour d'elle, d'autres femmes, Camille, Louise, la tante Fernande, au destin semblable, viennent s'installer avec maris et enfants. Trois, quatre ou cinq enfants poussent autour d'elles. Chaque chose semble à sa place.

À chaque jour, il y a une corvée. Le lundi est consacré au lavage et au séchage du linge sur la corde ; le mardi, il y a le repassage ; le jeudi, c'est le jour des courses ; le vendredi, celui du ménage. Chacune des voisines ne semble pas trouver le même épanouissement dans l'accomplissement de cette routine. Certaines donnent la fessée à leurs jolis enfants ; d'autres les laissent mariner dans leur lange, négligent leur ménage ou leur mari. Certaines encore achètent des mélanges à gâteaux en boîte et des plats congelés ! Les plus orgueilleuses expriment une rivalité dans leur degré de contrôle ménager. Pour rien au monde, par exemple, Florence laisserait son mari changer une couche ou veiller sur un petit. En a-t-il

envie ? Peut-être pas. Mais de toute façon, pour elle, la question ne se pose même pas. Elle pousse même l'orgueil jusqu'à tout prévoir advenant sa mort : si quelqu'un venait à trouver que les linges à vaisselle ne sont pas repassés ! Non, mais quelle honte ! Même dans l'au-delà, elle rougirait !

Il y a l'organisation des menus aussi, les rôtis de porc, les rosbifs, les poulets, les pâtés chinois, les spaghettis se succèdent presque toujours dans le même ordre. Le vendredi, c'est maigre. Elle fait des pâtés au saumon ou du filet de sole. Florence n'aime pas le poisson, mais elle ne voudrait pas que sa famille déroge à ce rituel prescrit par la religion. Le laitier passe ; tous les matins, il laisse des bouteilles à la porte. L'aiguiseur de couteaux aussi vient faire sa tournée. Le dimanche, elle habille la marmaille et ensemble la famille se rend à l'église Saint-Maurice où officie le curé Caron. Elle l'aime bien, le curé Caron. Un banc est assigné à chaque famille. Ainsi quand un vient à manquer la messe, quand une porte un chapeau vraiment trop extravagant, c'est plus facile de retenir de qui il s'agit. Puis, il y a les sorties avec Albert, les associations féminines à l'église, les grosses fêtes familiales, les baptêmes, Noël, Pâques, qui se préparent des jours à l'avance. Le jambon glacé aux ananas, la dinde, les nombreux gâteaux, les olives farcies, les bâtons de céleri au Cheez-Whiz. Les réceptions donnent lieu à de véritables réjouissances. Les femmes se mettent belles ; elles sortent leur taffetas,

elles coiffent leurs fillettes, sortent les robes à crinoline, les souliers en cuir verni, les nœuds papillon et la gelée à cheveux pour les garçons. Florence invite tous ses frères, sœurs, beaux-frères, belles-sœurs, et leurs enfants. Tous les cousins et les cousines courent dans la maison.

Le samedi, Albert joue au golf ou tond la pelouse. Chaque soir, avant de rentrer du bureau, il appelle Florence. Albert gagne aussi beaucoup plus d'argent maintenant. Ils ont une auto, un couteau électrique pour couper le jambon et assez d'oranges pour jongler. Tout semble merveilleusement pavé pour ma venue! Je pense que Florence a fait ses preuves. Sa dévotion pour ses enfants est immense. Et elle a cette qualité essentielle au bonheur des autres : elle est heureuse! Elle est prête pour me rencontrer! Prête à m'avoir!

Je m'apprêtais à répandre la bonne nouvelle : le monde en bas avait changé. La vie était devenue facile. Chaque jour, il y avait une nouvelle invention; les cuisines ressemblaient à des laboratoires; il n'y avait plus de guerre; on pouvait écouter tranquillement la télévision en mangeant du pop-corn rose. Un père pouvait rouler en Pontiac jusqu'à Wildwood, s'arrêter dans un motel, faire plonger ses petits dans la mer, faire griller des saucisses à hot-dog sur le barbecue, en bermuda. On pouvait même prendre l'avion. Tout était enfin possible! On me déroulait le tapis rouge. Car, je dois l'avouer, ma nature est capricieuse. J'aime la vie, la vie facile.

Quel a été mon découragement quand j'ai appris qu'il était impossible de contourner une dramatique chute de natalité terrestre qui pouvait compromettre mon arrivée sur terre! Et pour achever de me décourager, j'ai même entendu parler d'une toute nouvelle invention : la pilule anticonceptionnelle. Certaines mauvaises langues – il y a des ragots partout, même dans ce qui me tient lieu de ciel – disent que cela va révolutionner le monde, la condition féminine et toutes sortes de trucs comme ça. Je comprends qu'il est possible que des femmes se mettent à avaler des pilules pour ne pas avoir de bébés. Cette invention-là risque de rendre impossible toute naissance. Je pleure de dépit. J'ai trop attendu. J'ai trop recherché la perfection! Et maintenant, eh bien, tant pis pour moi, je ne l'aurai pas, Florence.

C'est le 1er octobre 1958. En bas, il pleut à boire debout et ils ont l'air de s'ennuyer à mourir. Mais tant pis pour eux. Ils n'ont pas voulu de moi alors, je m'en fiche pas mal, moi aussi, maintenant. Louise a sept ans, Marc-André, cinq et Hélène, deux ans et demi. Tout

va mal, ce soir-là. Albert est rentré un peu plus tard que d'habitude. Louise ne voulait pas manger son dessert ; Marc-André a fait pipi au lit et il a fallu changer ses draps. Non, mais ils ne pourraient pas leur foutre un peu la paix à leurs parents, ces deux nigauds ! Ils ne pourraient pas, des fois, les laisser aller se coucher, par exemple. Tous les deux tout seuls dans leur lit à colonnes, dans leur chambre, la porte fermée où pas un enfant ne viendrait frapper… Ils ne pourraient pas me laisser une chance, non ?

Le temps de toi

Je l'ai eue ! Elle est enceinte de moi ! Je suis dans son ventre. Je les ai tous eus ! Hi ! Hi ! Hi ! Je ris tellement qu'elle finit par ressentir les petites secousses dans son ventre. Ne me demandez pas comment je m'y suis pris, je ne le sais même pas moi-même !

Marc-André a peur pour nous. Quand il marche avec elle, il la tient serrée tout contre lui pour ne pas qu'elle tombe, car dit-il, ça pourrait casser son bébé. J'espère qu'il aura autant de précautions avec moi quand je serai sorti de là.

En 1959, la vogue du hula-hoop venue des États-Unis se répand comme une traînée de poudre. Tous les Européens font danser leurs hanches dans cet anneau de plastique. Castro devient maître de Cuba. Le 28 mai, deux singes enfermés dans l'ogive d'une fusée Jupiter sont envoyés dans l'espace. Le 26 septembre, Nikita Khrouchtchev déclare aux Américains que si les fusées soviétiques sont supérieures aux leurs, en revanche les saucisses américaines sont imbattables ! La Chine populaire fête ses dix ans. Le monde est en folie, l'année de ma naissance.

Le 30 juin, après le souper, quand le soleil ne menace plus les légumes qui poussent, Florence arrose son potager. Elle est tellement enceinte de moi qu'elle ne peut plus tenir debout et s'assoit avec son boyau à la main. En prévision de mon arrivée, elle a engagé une jeune fille pour l'aider. Wendy n'a pas toute toute sa tête, mais elle pourra donner un coup de main. Ce soir-là, Florence, toujours gentille, lui a promis qu'elle la friserait. Mais elle ne pourra pas. Je l'ai entendue dire qu'elle pense que c'est pour maintenant !

Nous partons pour l'hôpital. Six heures plus tard, quand le docteur Guénette lui montre son quatrième enfant, elle dit : «vous m'aviez dit que c'était un garçon…» Eh! moi aussi je pensais que j'étais un garçon! Elle l'avait dit tout le temps que j'étais dans son ventre, même qu'elle m'appelait Patrice. Et puis, deux filles deux garçons dans sa famille, ça faisait plus symétrique. Désolée, j'ai dû en perdre un bout en tombant du ciel mais il est exclu que j'y retourne.

Une des premières choses que je fais pour te déclarer mon amour, c'est d'ouvrir ma bouche. Mais comme tout poème, je ne réussis qu'à baver. Je suis très gênée. Et pourtant, tu t'extasies… avec mon odeur de lait rance, mon petit corps grassouillet et mon air ahuri… En plus, je dors presque constamment… Franchement, je n'ai rien pour te séduire et pourtant, je ne me suis pas trompée, je savais bien qu'entre nous c'était fatal, que tu étais faite pour être ma mère et moi ta fille.

Comme nous sommes toutes les deux en pleine forme, nous avons reçu notre congé de la maternité. Au fait, j'ai compris que tu avais l'intention de m'appeler Isabelle ; je suis d'accord. Je sais que chez nous, à la maison, trois autres t'appellent «maman». À l'école, tu es la mère de Louise ; pour les petits Rozon, tu es la mère de Marc-André ; à la garderie, la mère d'Hélène. Des hommes se sont fait accuser d'adultère pour moins. Je pourrais te dire que tu as une triple vie, t'accuser d'être volage. Mais si tu es coupable, ce n'est que de ta grandeur d'âme, de la façon que tu as de te multiplier d'amour.

Peut-être qu'à chacun de tes enfants, tu t'es fait ajouter un nouveau parcours de vie que tu n'aurais jamais fait sans lui? Comme si tu étais l'arbre, et la sève, les branches, les feuilles et le vent.

C'est curieux, je pourrais éprouver la plus vive jalousie, puisque tu t'es faite mère avec d'autres enfants déjà. Comment peux-tu prétendre encore à un amour exclusif? Tu as l'air si sûre de toi… Tu ne me diras même pas les mots d'usage au sujet des autres… de ne pas trop m'en faire, que ce n'est pas ce que je crois, et qu'entre nous c'est différent. Pas la moindre petite excuse pour aimer et être aimée de tant d'enfants en même temps. Non, apparemment, c'est à prendre ou à laisser. D'en haut, les trois qui te tournent autour me semblaient abstraits et peu menaçants, mais je vois bien d'ici que tu les aimes férocement! À cela, curieusement, aveuglée sans doute par mon amour, je n'y avais même pas pensé!

Et eux ? Tu as déjà pensé à eux ? Je veux bien faire de mon mieux pour toi, maman, mais ça va barder, j'aime autant te prévenir !

Il valait mieux que je montre patte de velours, car devant ces trois-là, je ne faisais pas le poids. En plus, je redoutais le pire. Ils m'attendaient sûrement sur un pied de guerre…

Penchés sur mon berceau, devant mon sourire béat et cet air que j'avais de tout comprendre, je les ai vus baisser les armes, fondre les uns après les autres, attendris par moi, mes petites jambes de grenouille, mes replis, mes rares cheveux et mes vagissements. J'avais à peine trois jours qu'ils avaient tous fait la paix. Rallier mes ennemis en si peu de temps, et avec le peu d'expérience que j'avais de la guerre, est digne des plus grands de ce monde. L'histoire de ma naissance aurait donc fait de moi une pacificatrice. Tu te souviens,

maman, Marc-André t'a même avoué à quel point il me trouvait magnifique. Il a dit au creux de ton oreille : « On aurait voulu en faire une plus belle, on n'aurait jamais été capables ! »

Je sais que tu rêves depuis toujours d'un gros bébé comme ceux qu'on voit dans les annonces, comme les bébés Gerber, comme les bébés de madame Kittel, ta voisine. Tu lui demandes même sa recette pour avoir trois petites filles aussi replètes. Bananes et lait concentré, voilà la formule dont tu me gaves. Je mange si bien qu'au bout d'un an de notre tour de force mutuel, tu te retrouves avec un bébé de trente livres que tu te plains de ne pas pouvoir soulever. Ma chère maman, il fallait y penser !

Te souviens-tu quand tu me donnais le bain dans le lavabo de la cuisine devant une fenêtre où il y avait des rideaux à pois ? Tu préparais une recette spéciale de fleurs de camomille pour que mes cheveux restent soyeux et blonds. Tu me disais que tu m'aimais à la folie comme une puce à l'agonie. Que j'étais une beauté archi-œcuménique.

Tu me montrais comment jouer avec les mots… Un jour, tu décrétais que la vie était évasive et farfelue et tout devenait évasif et farfelu. Les mots, tu ne les prenais pas au sérieux. Même aujourd'hui, tu n'hésites jamais quand c'est vraiment vraiment formidable à utiliser un doublon. Pour exprimer ton enthousiasme, tu vas même jusqu'à dire que c'était très très très très bon. Tu considères que le superlatif est digne de ta vie.

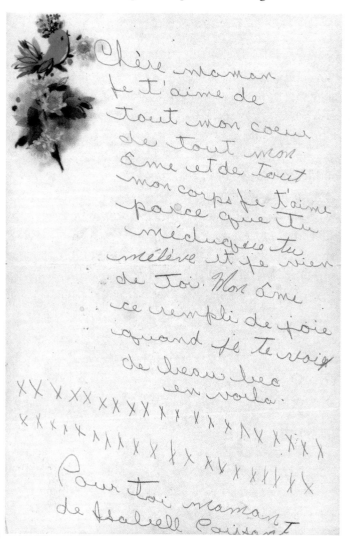

En revanche, tu trouves que ta sœur Denise en met décidément trop. Au téléphone, parfois, lorsqu'elle te décrit une crêpe qui était mince, mince, mince, mince, mince, mince, mince, mince... je te vois compter sur le bout des doigts et implorer le ciel des yeux. Tu trouves qu'elle exagère. Toi, tu connais la juste mesure.

Ta passion pour le jeu est aussi grande que quand, petite, tu faisais bouillir des vers de terre. Tu te déguises encore pour l'Halloween. Tu mets de vieux savons, fabriqués par ta mère, dans le porte-documents d'Albert et tu ris à l'idée qu'il offre ces «sucres à la crème» à ses clients. Tu joues même des tours au téléphone à tes amies ! Tu as ta façon bien à toi de voir le monde.

En dépit du fait qu'on te dise que l'espérance de vie a augmenté au cours du siècle et que cela n'est pas une affaire de croyance mais de faits vérifiables, tu persistes à croire que ce n'est pas vrai. Pour toi, l'espérance de vie n'a pas augmenté et tu prétends que c'est même plutôt le contraire. On se mettrait à dix, à douze, statisticiens, démographes, historiens, tu ne changeras pas d'avis. C'est simple les gens meurent plus tôt parce que ton frère et ta sœur sont morts plus jeunes que tes parents. Point. Exit, le raisonnement. Tu as un esprit de l'exception, un esprit de la conviction sentimentale. Ta vie ne se voit qu'avec les lunettes des sentiments. Elles colorent ton jugement, tes décisions. Et, ma foi, elles sont si précises, tes lunettes, qu'elles font souvent blêmir ceux qui se cachent derrière le bouclier du monde rationnel.

Jusqu'à cinq ou six ans, je n'ai aucune conscience d'autres personnages dans mon univers. Ma mère est tout. La regarder : le plus beau des spectacles. Je passe mon temps à la contempler. Je n'ai ni frère ni sœur tant sa présence en ce monde me comble. Je suis sa fille unique. Elle est ma mère unique. Certes, je vois des gens. Je les vois bouger, remuer, parler comme des mouches autour d'un pot de miel. Mais aucun ne s'adresse à moi. Ils ne me disent rien qui vaille. Ils me sont contingents ; ma mère, nécessaire.

Voir ma mère éplucher une orange est en soi un poème. De ses mains tombent les écorces, comme les plus belles rimes qui furent écrites. Ainsi fait-elle toute chose. Me border dans mon lit, guetter à la fenêtre mon retour de l'école ou me tricoter un foulard pour que je n'attrape pas froid.

Ma mère m'a donné la couleur des mots.

Sans son pouvoir, ils seraient restés couchés dans les pages blanches d'un dictionnaire. Comme dans un linceul.

Ma mère. Avec elle, nous valsions sur les jours.

Tu m'envoies dans une école maternelle, chez les sœurs du Bon Conseil. La religieuse qui m'enseigne, je la déteste, comme je détesterai plus tard mon professeur de ballet et toutes les femmes qui essaieront tant bien que mal de se substituer à toi, ou pire de me consoler de ton absence. Je les exècre toutes. Je les trouve tantôt grosses, tantôt boutonneuses, tantôt puantes. Ma seule consolation, c'est de savoir que tu m'attends à la maison. Dans la classe, je m'assois toujours près de la fenêtre. De là, je peux voir le toit de notre maison et je peux t'imaginer, toi, dedans. Je rentre toujours en courant pour te retrouver. Parfois, il fait déjà presque noir. Mais chez le deuxième voisin, ça sent le gâteau et je pourrais me rendre à la maison, à l'odeur.

Toi, tu écoutes *Femmes d'aujourd'hui* en repassant les chemises et les mouchoirs d'Albert. Mais moi, je ne regarde pas l'émission, je te regarde, toi. Il y a quelque chose de si paisible dans ces moments-là que je préfère ne pas bouger de peur que le charme ne se rompe.

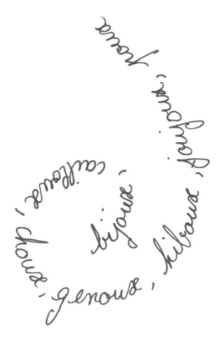

chous, genoux, hiboux, doudou, amour, bijoux, cailloux...

J'aime tellement mieux être avec toi que, souvent, je dis à la maîtresse que j'ai mal au ventre et elle me laisse rentrer à la maison. Tu m'ouvres la porte. Tu me couches dans mon lit avec toutes mes poupées et tu me prépares un bon bouillon de poulet. Après, tu vas faire ton ménage en chantant. Tu chantes tout le temps. Des chansons de ta jeunesse, des chansons d'amour, des chansons d'avant ton mariage. Moi, il n'y a rien au monde que j'aime plus que ces journées-là. À côté de ça, les rangs d'école, les choux, poux, genoux, cailloux, récités en chœur, les tables de multiplication, l'odeur de pipi et de vieux cœur de pomme... Oh! Il n'y a pas de mots qui rivalisent avec toi. Quand je reste à la maison plus d'une journée, me plaignant toujours du même mal de ventre,

tu finis bien par comprendre que ma douleur est imaginaire. Enfin, c'est comme ça que certains appelleraient ce mal de toi que j'ai. Pour bien faire, pour ne pas avoir l'air trop complice, tu prends ma température. Le mercure ne monte pas et je mâchouille en cachette le thermomètre. Tu le reprends de ma bouche et fronçant les sourcils, consultes l'instrument qui décidera de mon sort. Et moi, le cœur battant, je guette le premier signe sur ton visage qui me fera connaître le verdict. Je retombe dans mes oreillers : il y a peut-être quelques signes de fièvre et tu me gardes auprès de toi! Je t'ai à moi toute seule. Parfois, quand je redoute que tu me trouves trop souvent malade, je rentre de l'école avant la fin des classes et je me cache dans ta voiture stationnée dans le garage. Je ne te vois pas, mais au moins je suis moins loin de toi.

Je ne peux pas me passer de toi. Le soir, quand je me couche, j'attends que tu viennes me border avant de m'endormir. Tu me chantes une berceuse. Tu as la voix fausse, tu dis que tu as un polype sur une corde vocale qui rend ta voix un peu rauque. Je me rends compte de tout ça, mais pour rien au monde je ne te le dirais. La vérité, c'est que c'est encore mille fois plus touchant, une berceuse avec ta voix qui s'éraille à la moindre émotion.

Pourquoi aurait-il fallu que tu nous quittes pour aller voir le monde ? Tu as tant à faire. Et tout le monde a besoin de toi. Albert t'offrirait la lune pour que tu

POÉSIE DE JULES BARBIER

MUSIQUE DE MOZART
Arrangement pour 2 voix
PAR C.-E. GADBOIS, PTRE

Andante

1. Mon bel an-ge va dor-mir! Dans son nid, l'oi-seau va se blot-
2. Mon ange a-t-il un dé-sir? Tout pour lui n'est que joie et plai-
3. Mon pe-tit prince au ré-veil Re-ce-vra les pré-sents du so-

l'accompagnes en voyage. Mais la lune, tu l'as déjà… et le soleil et les étoiles. Ta maisonnée te comble et tu n'as nulle envie de t'absenter de ton royaume. Parfois, tes amies te disent qu'elles suivraient leur mari au bout du monde s'il le leur demandait. Et puis, il s'en trouve une, crevant de jalousie, le nez pointu, les lèvres pincées, qui te dit que ça peut être dangereux de laisser son mari partir tout seul, qu'on ne sait jamais, un mari seul à l'étranger pourrait avoir des idées, pourrait être tenté… De quoi parlent-elles, tes amies? Moi, je ne comprends rien à ce qu'elles disent. Ce sont des radoteuses, des mégères, des triples connes. Mon père ne court pas de danger et tu ne peux pas me laisser. Je suis trop jeune, ne le voient-elles pas? Tu es toute tiraillée. Sous les pressions, tu finis par consentir. Tu fais tes valises, tu prépares tous les repas pour tous les jours où tu ne seras pas là, tu donnes des centaines et des centaines de recommandations à la gardienne à qui tu vas confier tes enfants, puis, la veille du départ, tu tombes malade. Tu ne veux pas y aller. On fait venir le médecin. Il te dit que tout est bien, que c'est bien si tu vas avec ton mari, que c'est tout aussi bien si tu veux rester avec tes enfants. Tu ne retiens que la deuxième portion de son avis, celle qui te convient à toi… et à moi. Tu dis à la gardienne de rentrer chez elle. Ouf! j'ai eu chaud! Quand il t'arrive de partir, je paralyse. Le cadran s'arrête. Tout s'immobilise. Je pense qu'au moindre de mes mouvements, tout pourrait changer et que tu pourrais ne jamais revenir. Et toi aussi, tu penses à la mort et tu le dis à Albert : « Qu'est-ce qui arriverait si l'un des enfants mourait? »

Pauvre maman! Tu souffres d'empathie chronique et contagieuse. Tu éprouves les malaises des autres : tu as mal à leurs jambes, tu as mal à leur tête, et quand le monde autour de toi ne tourne pas rond, tu as mal partout. Tu es en communion constante. Tu peux même raconter une anecdote en commençant par son milieu, sans aucune introduction, exactement comme si nous avions partagé les mêmes pensées que toi. Tu ne te sens vraiment bien qu'avec tes petits poussins. Quand nous revenons le soir, tu nous attends dans le salon. Et même si nous rentrons sur la pointe des pieds pour cacher un retard, tu nous vois. Impossible d'échapper à ta vigilance, à ta sentinelle maternelle.

Maman joue au golf, maman fait du ski, maman conduit. Au cours des années, tu coiffes bien des chapeaux. Puis un jour, voilà que tu maries ta fille aînée.

Les années ont passé. Tes enfants ont grandi. Toutes les fleurs et les arbres que tu as plantés autour de la maison sont arrivés à maturité. La maison est vendue. Ce n'est pas toi qui, la première, as quitté tes enfants. Ce sont eux qui sont finalement partis. Laissant la maison vide. Et silencieuse. Tu allumes la radio, tu allumes la télévision, pour te rappeler nos piaillements, nos rires et nos disputes d'enfants.

Un jour, je t'annonce que tu seras grand-mère. Tu es couchée sur le tapis du salon pour ta séance d'anti-gymnastique. Je n'ai que vingt ans et je redoute ta réaction. Je te le dis tout d'un trait comme quelqu'un qui préfère se jeter dans l'eau froide sans prendre le temps de se tremper les orteils.

Aujourd'hui, toi, la petite fille aux tresses brunes de la rue Louis-Hémon, tu comptes tes petits-enfants. Tu passes maintenant tes hivers au bord de la mer en Floride, tu joues au bridge. Quand nous venons te visiter avec nos enfants, tu nous laisses difficilement partir. Tu as toujours quelque chose à nous montrer quand on est sur le pas de la porte et alors il faut entrer de nouveau dans la maison pour aller voir ce nouveau tapis, cette nouvelle lampe que tu as achetée. Et même une fois dans la voiture, il faut baisser la fenêtre... pour dire un dernier mot.

La présence baume de ma mère, ma mère magique. Toujours, elle a su panser ces blessures qui, pour les cœurs usés de la vie, sont devenues anodines et qui, pourtant, à l'époque de mon enfance, m'étaient si cuisantes... Tu t'en souviens, maman ?

Je devais avoir huit ou neuf ans, j'étais une fervente dévote et j'avais invité toutes mes petites amies à une lecture de la Bible : Marie-Claude, Brigitte, Michelle et les autres. J'avais mis une belle nappe, celle dont tu te servais quand tu jouais au bridge. Elle était bordée d'une jolie rangée de pompons vert irlandais qui, allez savoir pourquoi, me réjouissait. J'avais tout prévu : des bols de chips, des bretzels et, bien entendu, au bout de la table où je devais présider, la Bible. Il ne restait plus que mes amies à attendre. Elles ne sont jamais venues.

Toi, maman, tu avais été témoin de ma déconfiture, de mon humiliation, de ma peine. Et tu avais su dire les mots pour me consoler.

Encore une fois, tu te souviens, je devais avoir quinze ans quand j'ai bondi sur ton lit pour te dire que j'avais rencontré l'homme de ma vie. Peut-être riais-tu un peu malgré toi, j'étais si jeune, non ? Mais tu avais eu la gentillesse de ne rien laisser paraître. Il m'avait demandé mon numéro, mais le téléphone était demeuré muet comme une carpe toute la journée. J'étais paralysée par l'attente et toi, tu faisais tranquillement une salade de fruits. Tu m'avais dit : « Isabelle, si tu m'aides à couper ce pamplemousse, je te jure qu'il va appeler. » Et je t'avais écoutée. Et j'avais coupé le pamplemousse. Et il avait appelé ! Aujourd'hui, je ne regarde plus un pamplemousse de la même manière. Je le vois avec tes yeux à toi. Je sais que certaines choses sont magiques et que tu peux faire des miracles pour procurer un instant de bonheur à un enfant.

Je me souviens de la naissance de mon premier enfant. Au moment de la délivrance, j'ai crié : maman ! L'infirmière m'a dit : « Mais c'est vous maintenant, la mère ! » Décidément, elle n'avait pas compris. Les mères se transmettent un fil invisible de l'une à l'autre. Être mère à mon tour jamais ne me fera perdre la mienne. Une mère ne s'efface pas. Elle vous porte en elle, comme vous la portez à votre tour. Pour toujours.

Encore aujourd'hui, je trouve souvent refuge chez ma mère. Par enchantement me reviennent alors les jours bienheureux de mon enfance auprès d'elle.

HÉLÈNE POISSANT

Chère maman,

Je sais que la plupart des gens éprouvent de la pudeur à dire à leur mère qu'ils l'aiment. Que cela ne se fait pas. Que cela fait mièvre, cucul, et pire encore : que ça fait enfant. On peut dire de son auto, qu'on l'aime sans manifester la moindre gêne. Ça se fait bien, ça, aimer une auto. Dans tous les salons, auprès de n'importe qui. On peut aussi déclarer qu'on aime les fleurs ou le vin, et même passionnément. Mais allez donc dire que vous aimez votre mère !

La pudeur nous étreint et une fois passé le temps des mots touchants écrits sur les bancs de l'école, une fois l'âge adulte atteint, les mots se font de plus en plus rares et les expressions pour manifester notre amour filial prennent des circonvolutions de plus en plus longues. Les mots d'amour se font si timides et discrets qu'ils se tapissent dans les confins du cœur.

Depuis que je suis mère comme toi, je sais que, quand on a un enfant, on ne peut s'imaginer un seul instant que cela aurait pu être une autre personne, qu'aucune de nous ne changerait un de ses fils même si elle avait juré vouloir une fille. C'est comme si la rencontre d'une mère et de son enfant était fatale, que chacun de nos enfants étaient autant de joyaux absolument irremplaçables.

Moi aussi, je suis gênée. Tu vois, je profite de la fiction, des pages de mon récit pour te montrer que je t'aime. Je voulais me blottir entre ces lignes, comme derrière toi quand j'étais petite, pour te dire des secrets d'amour. Merci de notre rencontre, merci de la grande félicité de vivre sur la terre en même temps que toi, merci à celui qui a permis que nos vies se croisent et que nos noms se tissent. Oh ! Il reste toujours le temps de la mort. L'heure des regrets. Et là, tout cet amour étouffé pendant des années rejaillit et on pleure toutes les larmes de son corps. Mais il est trop tard.

Je t'aime, maman. Je veux que tu l'entendes ailleurs que sur une tombe, je veux que tu le saches, que toutes tes amies le sachent, que la terre entière sache cet amour.

Isabelle

C'est sans doute parce qu'il y a des souvenirs qu'il ne faut pas oublier et pour cela, il est utile d'avoir une mémoire...

Les mystères de l'enfance

Le jour de Pâques de l'année 1963, maman avait rapporté à la maison un poussin et un joli petit lapin noir. Nous étions tous ravis de cette nouvelle ménagerie. Nous nous amusions à promener notre lapin dans le jardin jusqu'au jour où, la petite bête ayant poussé la hardiesse un peu trop loin, nous perdîmes pour de bon notre gentille peluche noire dans les bosquets avoisinants. Quant à la disparition inopinée de notre poussin, elle demeure encore aujourd'hui, pour nous tous, un très grand mystère…

HÉLÈNE POISSANT

HÉLÈNE POISSANT

Ce que ma mère m'a transmis de plus important…

Ce fut le premier et étrange service que me rendit ma Mère :
« tu n'es pas comme les autres, tu ne seras pas comme les autres »
fut le mot magique qui défendait, interdisait,
promettait aussi des merveilles. (Victor Segalen)

. . . .

. . . .

. . . .

. . . .

. . . .

. . . .

. . . .

. . . .

. . . .

. . . .

Ses mots tendres...

« Mon petit chat, mon gros minet, mon doux mouton,
mon chatounet », disait la mère à son bébé dans l'excès des diminutifs.
Il ne faut pas trop s'étonner : enfant d'un amour excessif
le petit se mit à miauler et la mère à ronronner. (Claude Roy)

En quoi je lui ressemble…

Tu n'es que le miroir de ta mère qui voit en toi
le délicieux avril de son printemps. (Shakespeare)

....

....

....

....

....

....

....

....

....

....

Ma mère et mon père...

Elle m'appelle son pinson
Elle raconte qu'elle m'aime.
Mais je viens de dépasser l'âge
Où je surpris la trahison.
Papa, maman : c'est un ménage.
Moi je suis leur petit garçon. (Raymond Queneau)

Ses plus belles histoires…

Les soirs d'hiver, ma mère chantait
Pour chasser le diable qui rôdait ;
C'est à mon tour d'en faire autant
Quand sur mon toit coule le vent.
Parler de prés, d'amour, d'enfants,
De soleil d'or sur les étangs,
C'est son langage que je copie fidèlement. (Félix Leclerc)

Ses recettes préférées...

Il était une dame Tartine
Dans un beau palais de beurre frais

. . . .

. . . .

. . . .

. . . .

. . . .

. . . .

. . . .

. . . .

. . . .

Ce que j'aime le plus en elle…

Ma chère petite maman,
Tes lettres me font un plaisir infini…
À chaque instant je te remercie mentalement
de penser ainsi à moi. (Marcel Proust)

Table des matières

Achevé d'imprimer
sur les presses de l'imprimerie
Interglobe Beauceville